天下雜誌

觀 念 領 先

失控的愛

為什麼我們愈相愛，愈受傷？

觸摸那些心底被忽略的失控感，走向真正親密的未來

臨床心理師、倫敦政經學院管理學博士
張家齊 博士 著

推薦序一

聽內在的聲音，看內在的文字，是拆解愛情疑難雜症的開始

初色心理治療所副所長、臨床心理師　曾心怡

身為臨床心理師執業多年，如果要我用一個字來說明案主們的心裡事大概都是哪些？我會回答：「愛。」原生家庭的愛、朋友的愛、情人的愛，伴侶的愛，親子的愛……想愛卻愛不得，恐愛卻又放不下。我們渴望讓自己找到失落的一角，用愛與被愛完整自己，然而對方有著自己的形狀、自己的去向、自己的脾氣。更重要的是，我們往往都在親密關係中，渴望讓對方變成自己想要的樣子，或是用力讓自己成為對方想要的樣子，於是我們都聚焦在對方，一不小心就忘了看看自己。

認識家齊始於他就讀臺大心理研究所時，我在臺大醫院擔任臨床心理師，他是碩士班第三年的全職實習心理師。我們有許多機會討論各種臨床情境的因應與背後的理論，從每次的討論中可以看見家齊的獨特，在於他所提出的討論都是他思考消化過後，想要能夠更整合問題和理論之間的串接。他也帶著這份對於現象的好奇與不斷地思考，在學業與工作上，拓展出屬於自己的一方領域。

《失控的愛》這本書是家齊在與案主互動的過程中，看見人們在愛裡所苦的現象，連結心理學概念，試圖詮釋出人們在戀愛中，心裡發生了什麼變化，以及我們可以怎麼做，才能在愛裡與彼此連結又保全自我。因此，他用「心理失控」這個概念來貫串整本書。

當生活失序，就更希望從親密關係中找回控制權

心理學中著名的「自我決定理論」（self-determination theory）中提到了人類

的三個與生俱來的需求，包含勝任（Competence），歸屬（Relatedness）以及自主（Autonomy）。如果這三個需求都得以被滿足，個體就能迎來心理健康與進步。換言之，當我們無法獲得肯定，例如勝任某個角色、在關係中感到歸屬，以及在生命中擁有自主，就會因為想彌補這個缺憾，轉向從生活中以及親密關係中獲取。

在這本書中我們會看到六種失控的愛：自我犧牲型、全面控制型、恨意爆表型、零信任感型、多重關係型以及寄生型。這六種失控分別會對應到不同心理狀態的失控。我們會從書中的敘述中，看到那些用親密關係來換得心理控制感的各種樣貌，也會發現當我們愈用對外在索求的方式，來換得心理的需要時，有些人生的課題很難被解決。

對於歸屬感的需要，我們得領悟到人生終究需要面對孤單。當我們可以正視孤單，也試著讓自己體驗獨處，才發現孤單可以是一個「狀態」，而非完全負向。在愛情中，我們會不由自主地把負面情緒的原因，需求以及各種人生的課題，交諸在另一半手中。也許是用隱藏自我來迎合對方，也許是不斷地「打造對方」變成自己想要的人，更可能是透過多重關係的轉換，讓自己不用再面對孤單與分離。

家齊用他娓娓道來的口吻告訴我們，把注意力拉回自己身上，也許是長大過程中所累積的早期經驗，也許是對於愛情樣貌的迷思，正視那些交在伴侶手上的情緒開關，重新拿回自己手上。我們可以試圖聽見心裡傳達出的聲音，或是看見腦海中對自己放送的「字幕」，那都是你的思緒、你的解讀、也是我們感受的來源。釐清這些聲音與文字來自何方，也觀察這些聲音會把我們帶向何處，產生什麼樣的結果，這會是拆解愛情疑難雜症的開始。

而我們終將發現，當自己與另一半都學習到一些方式，處理自己人生累積的內在課題時，將會在愛裡同感自在。

祝福天下有情人都能好好安放自己！

推薦序二

從不斷遞迴的虐愛裡，找回真正缺失的那一角

「心理師想跟你說」共同創辦人、臨床心理師　蘇益賢

讀著本書，種種感受在內心逐一浮現。人生在世，確實是一次又一次的功課與修行。在各種功課中，可比喻為「期中考」等級的，莫過於親密關係了。與家齊的觀察一致，愛既可以是甜蜜的存在，同時也可能是壓得讓人喘不過氣的負荷。

諮商室裡，個案在親密關係中所需面對的功課，時常會在其他生活領域中，以迂迴的方式出現，乍看是事業的瓶頸、健康亮紅燈、與原生家庭的衝突……仔細梳理過才發現，這些衝突多半都能得回到最基本的課題來整理：一個人如何與另一個人，建立起有品質、既獨立又親密的關係？

在與許多個案工作後，我慢慢得到了一個小發現：如果你未曾認真檢視過自己在親密關係裡的狀況，在一段關係結束之後，你很可能又會用類似的方式，與類似的伴侶交往，用類似的方式互動，用類似的方式爭執，並且最終以類似的方式結束這段關係。我與個案會用「鬼打牆」來描述這種，看似錄影帶不斷重播而束手無策的感受，家齊在書裡則以「虐愛」來形容這樣的關係。該如何逃出這樣的「輪迴」？本書裡的一段話，值得每一位讀者拿出螢光筆多畫上幾次線：

「一段愛情之所以陷入虐愛，原因不僅僅來自與這一段愛情，而是由於我們以前某些經歷造成了心理失控感，讓我們不知不覺把那些失控感，『轉移』到現在的親密關係中。如果我們過去曾經受困於心理需求無法被滿足的失控感，那麼，我們進入親密關係之後，就很容易會失控地去索求一些，難以被滿足的補償。」

量身調配「關係配方」，找到攜手前行的新方向

讀完本書，讀者將發現原來未被滿足的需求——不論它如何變形——很可能是讓虐愛不斷遞迴的動力來源。儘管這需求，會因每個人各自的成長經驗與人生際遇而有所不同，但不外乎以下幾類：對於權力、安全感、存在感、價值感的需求，或為了擺脫罪惡與壓迫感而做的努力。針對這幾類面向與需求，讀者都能在本書中找到指引。

跟著作者循序引導，我們都能逐步去理解、看見這些需求，覺察自己的狀態。也許你會從書中許多案例中看見自己的身影；而我更相信，作者在書中為不同狀態調配的「關係配方」，更能讓你我在看似遞迴的關係中，重新看見希望與方向。

二〇一五年底，家齊開始在「獨立評論＠天下」網路專欄筆耕，談情緒、談管理、談心理健康，更談關係。每篇文章上萬個點閱數，反應出當代人對這些

議題的共鳴，以及作為心理健康推動者、實務者與研究者的家齊，在書寫功伕上的造詣。

相信許多讀者都和我一樣心想著，什麼時候有機會讀到他的書呢？終於！我們不用再敲碗了，一本針對關係議題深入淺出，探討親密關係中的需求與控制議題的好書，就在我們眼前，待你我靜心閱讀。

願本書能成為一面即時的鏡子，讓每位在愛情苦海中沉浮的眾生，看清楚自己內心因過往受傷而缺失的一角，並用更有智慧的方式去修復它。

推薦序三

我們都追求愛的美好，為何卻都為愛所傷？

你的網路閨蜜／知名兩性 YouTuber、作家　SKimmy

《失控的愛》，像一部深刻的電影分析觀後感，而被他分析的這部電影，就是我們的人生。

開宗明義，張家齊心理師便使用了「鏡子比喻」，一如唐太宗留下的智慧之語：「以銅為鏡，可以正衣冠，以史為鏡，可以知興替，以人為鏡，可以明得失。」

不過，唐太宗畢竟活在還沒有心理學的年代，他從人身上照見的，比較實際層面，也就是「以別人的成敗得失，來做為前車之鑑」。千年以後，我們知道以人為鏡可以照見更多東西，不僅照見俗世的得失成敗，也照見心靈的光明陰暗。

「鏡子比喻」說透了我的心聲，自從兩年前踏入心理諮商診所，開始照見自我的旅程後，我驚訝的發現每一段戀愛，其實都是一個照鏡子的過程，破碎的對象照見破碎的自己，渾沌的對象照見渾沌的自己。每個人都有他當下的主要色彩，而這個主要色彩，也照見我們身上相對應的部分，實在很有趣。當然，有趣是事後回想，照見破碎或渾沌自我的過程，在當時可一點都不有趣，基本上是痛苦極了！

回首我在開始「自我覺察之旅」以前的戀愛經驗，用本書書名《失控的愛》來形容，絕對毫不誇大，大學時，我曾經因為一段短暫戀愛的終結，而徹夜坐在社區公園大哭（鄰居表示傻眼）。畢業後，我也多次在戀愛發展不如預期時，展現出肉眼可見的情緒大爆炸，即便身邊的人（包含我自己）都能清楚地認知到事件本身沒什麼大不了，但你們知道的，感性上來說，情緒就是萬箭穿心、無可抵賴，而我痛苦萬分，卻又一頭霧水。

閱讀《失控的愛》裡談到六種常見的「虐愛模式」時，首先想起的是身邊的人，我彷彿能聽見許多正在經歷虐愛的朋友，在我耳邊喃喃低語，說這就是他們的故事。直到讀到「心理壓迫感失控」這一篇，我猶如雷擊，因太過心有戚戚而落下眼淚，這面鏡子照出了我最想看清的部位，讓我大感痛快。

誠實面對自己的情緒，終能坦然擁抱彼此

這兩年來，通過心理諮商、與心理學家好友主持 Podcast、接觸冥想與瑜伽等療癒旅程，我已揮別舊有的虐愛模式，清除了大部分安裝在我身上的「故障價值觀」（作者這形容實在太精闢），也收穫了幸福而穩定的親密關係。我終於有餘裕去慢慢剖析，從前那些為數不少的虐愛經驗，到底是來自於我身上的什麼部分？到底為什麼會發生？

「心理壓迫感失控」這一章節，講述了一個無法表達情緒、情緒被壓抑的小孩，長大之後，面對親密關係時，在洶湧的愛中，同時體驗到洶湧的憤怒與憎

恨。很長一段時間，我不明白自己為什麼偶爾在夜深人靜時，還能感受到對某一任前男友的恨意，讀完此章之後，有種終於撥雲見日的感覺，原來是他照見了我身上「必須要壓抑負面情緒，才能換得風和日麗」的痛苦，原來是他讓我想起成長過程中，積累在心裡的委屈。

我細細咀嚼文字、慢慢感受內心、讓眼淚在閱讀過程中好好流淌，然後，我擦乾眼淚，轉頭問正在看遊戲攻略的現任男友：「你覺得我的情緒狀態，跟我們剛在一起時，有什麼轉變嗎？」男友放下手機，想了一想，然後回答：「妳變得更誠實面對自己的情緒了。」

多好，在無數次照鏡子的過程中，我們終於知曉自己的樣貌，也終於能像《冰雪奇緣》裡的 Elsa，讓與生俱來的情緒魔法，自由湧動、任意揮灑。

作者序

終於，可以情緒平穩地相愛

成為一面鏡子之後，我想寫下這本書，
希望讓它陪著你關心自己內在的真實色彩。

從學習心理專業開始，我經常被問到：「找心理諮商有用嗎？心情不好找朋友或家人聊天不就好了？」以前都會傻傻地認真開始解釋，心理師怎麼被訓練、有什麼技術，但換來的往往還是懷疑的面孔。後來我發現，與其理性解釋，不如給些比喻比較有美感，我會試著問對方：

「通常如果我們覺得自己儀容或服裝可能不整，要怎麼辦？」

答案一般會很直接：「找個鏡子照一照，就能看清楚要怎麼調整了。」

「那麼，如果我們發現自己的想法和情緒糾結混亂，請問哪裡有鏡子可以讓你看看哪個想法沒順好、哪個情緒該調整？」

一個照鏡子的比喻，就是我與個案互動最直接的寫照。

一面鏡子，可以讓我們看見自己五官的狀態，衣服的色彩，提醒過長的鬍鬚、暈開的眼線；一段獨特的心理對話開啟後，我嘗試成為一面思緒的反射鏡，努力讓個案看見自己想法的狀態、情緒的色彩，提醒對方照顧那些被忽略的自我盲區。

「經過這段時間的諮詢，我終於看懂自己了。在我們談話的過程，除了情緒能得到支持，很特別的是，我感覺你會帶我去看一些自己沒看見的盲區。當我們把那個盲區整理完畢，很多卡住的東西其實就過去了。一開始我有點困惑，我明明才是最認識自己的人，怎麼之前自己沒有看到那些盲區。體驗到現在，我意識到了，那些盲區，其實是一些我沒有處理好的痛苦，是一些我想刻意避開的感受，根本是自己把它們藏起來的！」

在要撰寫這篇序言的前幾天，一位和我合作了一年左右的個案，在某次的會談中與我分享前面這段心得。還記得一年前，個案在親密關係中面對難以承受的痛苦，幾乎每週都與伴侶發生激烈衝突，與對方如仇人般爭執怒吼。經過了總共四十個小時的會談之後，個案回顧了那些我們一起看見的那些憤怒盲區，提升了自我覺察，找回了與伴侶真正的親密感，面帶微笑和我說：「可以情緒平穩地和我愛的人在一起，感覺真的不錯。」

親密關係裡一直受苦，其實是心理失控了？

每當我見證了個案提升自我覺察後的那些成長，除了為個案願意嘗試的勇氣覺得感動之外，也總是很希望這樣的轉變能在更多人的生命中出現。除了藉由平日與個案一對一的互動，我在商學院教授情商心理學課程的時候，也一直努力提醒著學生與管理者，良好的自我覺察對於自己的職場表現有多麼重要。

記得當初和出版社編輯開會的時候，基於自己所有的實務工作和研究工作經驗，我興奮地發想了好多主題，希望能把過去對親密關係、親子關係、職場關係、員工關係等所有人際互動的理解都好好地和大家分享。深聊之後，我感受到當今大眾心理領域中，大家對於情緒相關議題已經有不少探索，是時候可以更進一步，從本書要介紹的「心理失控感」這個概念，協助大家深入覺察情緒失控背後的獨特原因。

為什麼愈相愛，愈受傷？

「心理師，為什麼？我明明已經那麼用心愛他，我卻一直在受傷？」回顧過去所遇上的個案，親密關係困擾絕對是我們最難逃脫的密室。有時候，我們的愛情像脫離軌道的列車，明知彼此的關係愈來愈不對勁，但是卻怎麼也無法要求自己啟動急停系統，讓情緒的痛不得不繼續失速。

那種張力緊繃無法消解的虐愛關係，就是「失控的愛」的樣貌。當一段親密關係開始失控，如果我們沒有足夠的自我覺察能力，我們很難不讓自己與對方受苦，甚至是在同樣的部位劃下多次的傷，永遠沒有足夠的時間癒合。

如果想要跳脫這樣的囹圄，我們必須看見自己內在有著什麼樣的「心理失控感」，會讓親密關係成為心理失控後的犧牲品。藉由本書針對六種「親密失控模式」的說明與分析，雖然難以讓我們直接抵達幸福的目標，但也勢必能提供明確的航向，讓我們的親密關係有機會重回可控的航道。

成為一面想法與情緒的鏡子之後，我寫下這本《失控的愛》，希望讓它陪著大家關心自己內在的真實色彩，觸摸那些心底被忽略的失控感，走向真正親密的未來。

序章

我們是相愛，還是在虐愛？

心理失控感轉移造就的虐心關係

我只想說　我認真地愛過
兩個相愛的人究竟犯什麼錯
需要愛得如此折磨

——周興哲、吳易緯〈如果雨之後〉

嘿，我們愛得好嗎？

我們都以為，愛情是親密，愛情是靠近。我們都希望，愛情不要有痛苦，愛情不要有衝突。

可是，有些時候，我們好像會不小心掉進了一段，不像愛情的愛情。

也許是錯了時間，也許是錯了對象，在生命的某個階段，我們明明已經好用力去愛對方，但是幸福感卻愈來愈輕；又或者，我們的愛情明明已經痛到不行，但是卻怎麼也無法填入休止符，讓應該暫停的痛不得不繼續。

那樣的愛情，是虐愛。我們的虐愛，踩在深愛與劇痛的邊界，不斷在愛情中經歷高度的焦慮、掙扎與衝突。

我們，曾經遇上一段虐心的愛情嗎？我們是否正在愛著一個虐人的他？我們可以清楚感受到他的那份愛，可是，我們也清楚地因為對方的愛感到疼痛。

「他不斷地說他對我有多好，他不斷地表達在為我付出，可是我其實愛得好心累，覺得好壓抑……」

「我們雖然相愛，但是我們的愛情讓我失去了自己。我們像是生命共同體，他幾乎無法獨立，對我百般依賴，讓我喘不過氣……」

「他的情緒表達爆裂，發怒時的失控崩潰，彷彿是另一個人。他發怒時所說出的話語，讓我無法想像他是我愛的那個人……」

「我們相愛，卻沒有信任。他總是對我充滿疑心，他心裡似乎有一個安全感的黑洞，不管我做什麼，他就是無法對我建立信任感……」

「他花了很多心思在『管理』我，他什麼都想控制，什麼都會有意見，同時還會一直告訴我『這都是為了我們好』……」

「我視他為唯一，但是他卻不只一次對我不忠，讓我承受難以消化的撕心裂肺之痛……」

如果這些心聲，會在我們的腦中勾起某個曾經或者正在愛著的人，表示我們對於虐愛這個主題並不陌生，對方很可能不知不覺中，在我們的愛情運行著虐心的愛情模式。然而，有些時候這些虐愛的苦，不只存在於我們的某一段關係，而是緩緩在我們所經歷過的多段愛情間蔓延。我們似乎逐漸發現，在親密關係中，自己好像避不開一些虐心的狀態。

明明愈愛愈傷，為什麼還是無法停止去愛？

底下的某個聲音，會不會也剛好是我們的內心潛台詞？

「我在愛情中，一旦開始了就會一頭栽入。對我來說，彷彿除了愛情，什麼事情都不重要……」

「我離不開我愛的人，就算只是很短暫的分離，我心理上也會痛苦不已……」

「我會被我愛的人嚴重地激怒，當我的憤恨被點燃，我會失控到自己事後想起來都害怕……」

「我對於愛情有很高的要求，但是我愛上的人總是讓我失望，所以我一直在愛情中難以產生信任……」

「我愛上的人總是無法承擔該有的責任，讓我不得不操心彼此所有大小事……」

「我在一段穩定的親密關係中，會有一種難以形容的空虛感受，必須要藉由和其他的對象產生親密，才能得到慰藉……」

這些心裡的對白，經常在個案與我的會談中呈現。我們以為愛情可以滋養我們平淡甚至辛苦的人生，卻沒想到有時愛情會成為我們內心負能量爆炸的燃信。一段愛情，如果只是「錯」的，通常會慢慢走向終點；然而，一段愛情，如果是「虐」的，我們會忐忑、掙扎、煎熬，讓我們囚禁於愛與痛的交織網，走不出去也看不清楚。一段虐愛，終點有時似乎近在眼前，因為某一方心痛到大喊要分手，心累到無法再繼續；一段虐愛，終點卻又會不知不覺遠在天邊，雖然兩個人承受了傷痛，但是心底又似乎對彼此存在很深依戀，也許不舒服，卻也怎麼都放棄不了。

在虐愛中再怎麼堅持，也很難得到甜美的果實。一旦我們進入了虐戀模式，我們會接收到對方捏造很多安慰我們的虛幻說詞：

「對不起，是我的錯，我以後不會再對你發那麼大的脾氣，我以後絕對不會再這樣攻擊你了。」

然後，過了三個月，對方似乎又累積了難以承受的負能量，再一次讓我們承受痛苦不堪的言語甚至肢體攻擊。或者，他會這麼說：

「這是最後一次，相信我，你是我的唯一，我不會再出軌了。」

可是，不到半年的時間，我們又再一次發現，那個誰和伴侶又產生了對方口口聲聲保證「不會再發生」的曖昧關係。

在虐愛模式中，同時，我們有時候也會不自覺的對自己說謊，傻傻地安慰自己會有離開虐愛的一天：

「我不要再為了他付出，我不要再犧牲自己了，我有我的人生，我不會再被他左右了！」

幾天過後，我們又發現，我們花了好多時間看著手機，掛念著他怎麼還沒回訊息，擔憂著他會不會需不需要我們為他做什麼。或者，我們會對自己說：

「這已經是我對他的底限了，我已經決定要放棄他了，我不可能會再回頭的！」

然後，我們還是和那個虐人的他一起度過了下一個情人節。

在虐愛的愛恨交織網中，不管是安撫自己或是對方的承諾，很難真正地兌現。那些充滿希望的承諾，會在一次又一次落空之後，一次又一次的再燃起希望，然後一次又一次的心灰意冷，造成最後失控的虐戀愛情狀態。

你缺的，不只有愛

在我過去曾接觸的個案中，有很多人飽受這些親密關係中的虐愛之苦，明明傷得很痛，卻難以調整或改變。原本我單純地將不同個案所經歷的虐愛歷程，視為每一段關係的獨特經驗，但是當我接觸了更多的虐愛故事，我似乎漸漸地感覺到不同個案所經歷的那些苦，其實有一些令人驚訝的一致性。因此，我嘗試去尋找一個能夠適度幫忙解釋這些掙扎與傷痛的方式。

當我在撰寫自己的博士論文過程中，發現了「心理失控感轉移」這個概念，讓我突然對於虐愛有了很不一樣的理解。有的時候，一段愛情之所以陷入虐愛，原因不僅僅來自於這一段愛情，而是由於我們以前某些經歷造成了心理失控感，讓我們不知不覺把那些失控感，「轉移」到現在的親密關係中。

也就是說，我們每個人其實都很不自覺地在期待，現在的親密關係，能夠為我們填充過去經歷的心理失控感，為我們補好遲遲無法修復的心理黑洞。然而，我們愈是想填補什麼，現在的親密關係卻好像愈是失去平衡。於是，現在的親密關係逐漸轉化為一段虐心的關係，變成心理失控感的犧牲品。

簡單來說，一段親密關係的開始，雖然是在愛情中的兩個人決定從此靠近，認定雙方就是那個能滿足彼此現在與未來需求的人；可是，我們卻很容易輕忽，一個人過往需求的不滿足，對於將來的親密關係其實有著很大的影響力。

如果我們過去曾經受困於心理需求無法被滿足的失控感，那麼，我們進入親密關係之後，就很容易會失控地去索求一些難以被滿足的補償。

關係破裂會帶來心理失控感，而這些心理失控感，會讓我們的下一段關係繼續破裂，讓我們在關係中發生一堆不想要繼續，卻一直不段重複的錯誤。

因此，我們不但愛得好累，我們也對自己開始質疑，為什麼我們的愛情會一直背離與我們的期待，失速朝反方向前行。

我們經歷了哪一種虐愛？

我們的成長經驗，是否曾經讓我們留下心理失控感的傷？那些過去曾經心理失控的狀態，又會不會不知不覺轉移到現在的親密關係之中？

對於那些虐愛心路歷程，順著心理失控感的探尋，當我回顧過去那些個案所經歷的虐愛，我發現不同的心理失控感，能夠對應於六種常見的虐愛模式：

一、成長過程的**心理價值感失控**——與**自我犧牲型虐愛**有關

二、成長過程的**心理負罪感失控**——與**全面控制型虐愛**有關

三、成長過程的**心理壓迫感失控**——與恨意爆表型虐愛有關

四、成長過程的**心理不安感失控**——與零信任型虐愛有關

五、成長過程的**心理權力感失控**——與多重關係型虐愛有關

六、成長過程的**心理存在感失控**——與寄生型虐愛有關

在正式進入這本書之前，讓我們先暫停下來，稍微嘗試檢視自己的經驗，用一些是非題來簡要判斷一下，我們可能會面對的是哪幾種虐愛模式：

我們是否正處於虐愛之中？

先參考以下問題，回想一下兩人相處的情境，若描述相符則在下方的方框中打勾：

1. 他不斷地說他對我有多好，可是我其實被愛得好累 □

2. 雖然他說他全心全意愛我，但是我似乎沒有真的被愛的感覺 □
3. 他對我的好有時是很過度的，讓我覺得很有壓力 □
4. 他什麼都想控制，卻一直說是為了我好 □
5. 他對我期待很多，讓我無法在他面前做自己 □
6. 他對我的要求（甚至是教育）讓我喘不過氣 □
7. 他的情緒表達爆裂，發怒時彷彿是另一個人 □
8. 他發火的時候讓我發自內心害怕 □
9. 他在衝突中的發洩模式會讓我擔憂彼此安危 □
10. 他總是對我充滿疑心，無法對我建立信任感 □
11. 即使我用心證明我對他的愛，他依然對於我們的關係沒有安全感 □
12. 他的心裡經常上演我將來會移情別戀的劇本 □
13. 我視他為唯一，但他卻對我不忠 □
14. 我和他明明很契合，但是我們的親密關係似乎不能滿足對方 □

15. 他有曖昧對象，而且會刻意隱瞞我相關的訊息 □
16. 他幾乎無法獨立，對我百般依賴 □
17. 我內心其實很希望他可以有一點自己的生活 □
18. 他期待我可以幾乎隨時隨地都照顧他 □

或者，在經歷過多段虐心的愛之後，我們慢慢發現，自己在親密關係中經常出現一些不舒服的狀態：

19. 愛情一旦開始我就一頭栽入，除了愛情，什麼對我都不重要 □
20. 我不停犧牲自己為他付出，盡全力讓他開心 □
21. 為了滿足他的需求，我可以不顧自尊 □
22. 他無法承擔該有的責任，讓我不得不操心彼此所有大小事 □
23. 我覺得他經常在扯我後腿 □

24. 我很需要像個教練去督促他的人生與生活 □
25. 他經常激怒我，讓我發火到自己都害怕 □
26. 我在吵架中會使用激動、爆裂的言語或行為 □
27. 我和他起衝突時感受到瘋狂的痛苦，和好之後痛苦又彷彿不曾存在 □
28. 他一直讓我失望，所以我無法與他產生信任 □
29. 即使他從未真的出軌，但我就是極度缺乏安全感 □
30. 我常不由自主地擔心未來他可能會拋棄我 □
31. 我在穩定的親密關係中感受不到自己，必須從其他的對象得到慰藉 □
32. 我曾經同時經營兩段（或以上）的親密關係 □
33. 我曾經在親密關係中不忠，並且非常後悔 □
34. 離不開我愛的他，只要短暫分離就痛苦不已 □
35. 做任何事情都會需要有他的陪伴和支持 □
36. 如果無法和他持續保持連繫，我內心會感到強烈的不舒服 □

完成了一共三十六個問題的檢核之後，我們可以用以下的方式來為自己的愛情做一個暫時的理解。首先，前面十八個題目是用來了解我們親密關係中，另一方是否呈現了任何的虐愛模式，每三題一組用來理解一種類型：

題目1到題目3是用來評估

我是否愛上了一個有「自我犧牲型」虐愛模式的他？

三題皆是：我的對象有較明顯的自我犧牲型虐愛模式

三題中兩題選是：我的對象可能有自我犧牲型虐愛模式

三題中一題選是：我的對象稍有輕微的自我犧牲型虐愛模式

三題皆非：我的對象沒有出現自我犧牲型虐愛模式

題目4到題目6是用來評估

我是否愛上了一個有「全面控制型」虐愛模式的他？

三題皆是：我的對象有較明顯的全面控制型虐愛模式
三題中兩題選是：我的對象可能有全面控制型虐愛模式
三題中一題選是：我的對象稍有輕微的全面控制型虐愛模式
三題皆非：我的對象沒有出現全面控制型虐愛模式

題目7到題目9是用來評估

我是否愛上了一個有「恨意爆表型」虐愛模式的他？

三題皆是：我的對象有較明顯的恨意爆表型虐愛模式
三題中兩題選是：我的對象可能有恨意爆表型虐愛模式
三題中一題選是：我的對象稍有輕微的恨意爆表型虐愛模式
三題皆非：我的對象沒有出現恨意爆表型虐愛模式

題目10到題目12是用來評估

我是否愛上了一個有「零信任型」虐愛模式的他？

三題皆是：我的對象有較明顯的零信任型虐愛模式

三題中兩題選是：我的對象可能有零信任型虐愛模式

三題中一題選是：我的對象稍有輕微的零信任型虐愛模式

三題皆非：我的對象沒有出現零信任型虐愛模式

題目13到題目15是用來評估

我是否愛上了一個有「多重關係型」虐愛模式的他？

三題皆是：我的對象有較明顯的多重關係型虐愛模式

三題中兩題選是：我的對象可能有多重關係型虐愛模式

三題中一題選是：我的對象稍有輕微的多重關係型虐愛模式

三題皆非：我的對象沒有出現多重關係型虐愛模式

題目16到題目18是用來評估

我是否愛上了一個有「寄生型」虐愛模式的他？

三題皆是：我的對象有較明顯的寄生型虐愛模式

三題中兩題選是：我的對象可能有寄生型虐愛模式

三題中一題選是：我的對象稍有輕微的寄生型虐愛模式

三題皆非：我的對象沒有出現寄生型虐愛模式

接下來，後面十八個題目是用來了解我們本身在親密關係中，是否可能傾向用某種或某些虐愛模式來經營關係，每三題一組用來理解一種類型：

題目19到題目21是用來評估

我是否有進入「自我犧牲型」虐愛模式的傾向？

三題皆是：我很容易進入自我犧牲型虐愛模式

三題中兩題選是：我可能會進入自我犧牲型虐愛模式

三題中一題選是：我有輕微的可能性進入自我犧牲型虐愛模式

三題皆非：我不容易出現自我犧牲型虐愛模式

題目22到題目24是用來評估

我是否有進入「全面控制型」虐愛模式的傾向？

三題皆是：我很容易進入全面控制型虐愛模式

三題中兩題選是：我可能會進入全面控制型虐愛模式

三題中一題選是：我有輕微的可能性進入全面控制型虐愛模式

三題皆非：我不容易出現全面控制型虐愛模式

題目25到題目27是用來評估

我是否有進入「恨意爆表型」虐愛模式的傾向？

三題皆是：我很容易進入恨意爆表型虐愛模式
三題中兩題選是：我可能會進入恨意爆表型虐愛模式
三題中一題選是：我有輕微的可能性進入恨意爆表型虐愛模式
三題皆非：我不容易出現恨意爆表型虐愛模式

題目28到題目30是用來評估
我是否有進入「零信任型」虐愛模式的傾向？

三題皆是：我很容易進入零信任型虐愛模式
三題中兩題選是：我可能會進入零信任型虐愛模式
三題中一題選是：我有輕微的可能性進入零信任型虐愛模式
三題皆非：我不容易出現零信任型虐愛模式

題目31到題目33是用來評估

我是否有進入「多重關係型」虐愛模式的傾向？

三題皆是：我很容易進入多重關係型虐愛模式

三題中兩題選是：我可能會進入多重關係型虐愛模式

三題中一題選是：我有輕微的可能性進入多重關係型虐愛模式

三題皆非：我不容易出現多重關係型虐愛模式

題目34到題目36是用來評估

我是否有進入「寄生型」虐愛模式的傾向？

三題皆是：我很容易進入寄生型虐愛模式

三題中兩題選是：我可能會進入寄生型虐愛模式

三題中一題選是：我有輕微的可能性進入寄生型虐愛模式

三題皆非：我不容易出現寄生型虐愛模式

在上面兩組各為十八題的評估表中，可以協助我們釐清我們目前的親密關係對象是否有任何經營虐愛模式的傾向（題目1到題目18），或者是我們本身是否容易進入某些虐愛模式（題目19到題目36）。

在評估過自己的親密關係後，針對每一種虐愛模式，我們可以了解：

- 與我們所對應的虐愛類型實際上會有什麼樣貌？
- 該種虐愛類型所對應的心理失控感可能是如何發展而來？
- 該種虐愛類型的經營者，心裡可能會存在什麼樣的內在心聲？
- 針對該種虐愛模式，我們可以嘗試哪些修復與成長的可能方案？

現在，讓我們接受本書的邀請，一起聆聽每一段虐愛的心聲，觸摸那些心底被忽略的失控感，並且攜手走向可以真正親密的未來。

CHAPTER

1

為了成全你，
我會盡力燃燒我自己

自我犧牲型虐愛

我愛瘋了
我瘋到自己痛也不曉得
放棄了保護自己的責任
放棄了抵抗脆弱的天份
我不管了
我不管這傷口能不能癒合

——戴佩妮〈愛瘋了〉

愛上一個人，對你來說，是一件辛苦的事情嗎？在你進入一段親密關係的時候，你會不會自動變身為一台心願滿足機，為你愛的那個人處處著想，隨時注意著他的需求，心理經常盤算著：他想要什麼？他需要什麼？他希望我做什麼？他希望我為他再多做些什麼？不管他有沒有說出口，你就是能心思細膩地感受到他心裡可能有什麼需求。

看見他滿足的樣子，你覺得好安心；感受到他被你取悅的狀態，你覺得這段關係好甜蜜。對你來說，愛情，應該是有苦才有樂，如果沒有先掏心掏肺的付出，怎麼可能得到動人的愛情？如果沒有先犧牲自己，又要如何創造出堅定的愛情？如果男友有要追求的事業，我當然要放棄原本的生活跟著他走；如果女友捨不得家人，又不希望遠距離，那我當然要想辦法盡快搬到她家附近。

「如果我不犧牲，我怎麼能說我愛他？如果他的成就中，沒有我的奉獻，他怎麼會知道我愛他？」

在你的愛情路上，以上這些想法、這些句子，是很熟悉的嗎？如果是的話，那麼「自我犧牲型虐愛」很可能是你目前親密關係中的一種特徵。

在和伴侶的互動裡，你經常會不用自主地覺得可以為對方多做一些事情，讓對方開心一點，盡可能順對方的意，覺得「沒關係啦我還很好」、「多做一點也沒有什麼」。簡單來說，你好像無形中有股犧牲自己的慾望，專長是為了愛情委屈一下。

在一般狀況下，在你身邊的伴侶通常過得蠻幸福的，因為你會讓他們覺得備受尊敬，常常獲得稱讚，甚至是樂意偶而遵守他們訂下的一些莫名其妙的原則。這樣的狀態，如果延伸到了對彼此親密的暱稱上，出現的可能就會是「公主」或「老大」這類的用字。

處在自我犧牲型虐愛中的我們，其實不難被對方感動，或是說，我們其實很容易被對方感動。有時候，對方不經意說出的貼心言語，偶而表達的溫暖動作，會感動我們很深很深，讓我們確信，這是一段值得我們愈陷愈深的感情。

或者說，我們想要確定，這是一段我們可以燃燒自己的愛情，值得我們在心底的小角落為對方刻下那句，「為了成全你，我會盡力燃燒我自己」。

然而，當我們為了成全而燃燒，燙人的火焰，並不會因為我們美好的動機而降溫。在愛情中，我們漸漸感覺到自己被灼傷了。

我們發現，我們不是對方生命中最重要的存在；我們發現，我們不是對方天空中最亮的那顆星；我們發現，當我們以為，自己的犧牲會被看見，我們的犧牲會得到感動，我們換到的好像是平淡，甚至是忽略。

原來，我們只是在一頭熱。在熱度過後，我們感受到的是低溫的失落感。

不要離開我……

在我曾經接觸過的個案中，其實，經歷自我犧牲型虐愛，是蠻常見的現象。

「我不能沒有他……真的不行……我沒辦法……我需要跟他在一起……只要他不要離開就好……他願意留在我身邊的話我什麼都可以接受……要我做什麼都可以……只要他不要離開我就好了……」

喘不過氣的哭聲，流瀉不止的淚河，這位在家人朋友眼中的人生勝利組成員，坐在心理諮商室的沙發上，無力、心痛、焦慮、失落。面對情人突如其來提出分手的決定，個案的人生已經到了崩潰的邊界。

「我真的什麼都聽他的了……真的……他覺得我工作時間太長沒有機會相處，我就推掉很多可以接的案子；他說我的樣子陪他出去的時候不夠體面，我就去換造型學怎麼打扮；他說我不夠體貼，我就也試著改掉個性了……

「我已經盡全力付出，盡全力在愛他了……我已經這麼犧牲，為什麼他不要我……為什麼……」

這是一部愛情故事，還是一部犧牲日記？

愛情，是兩個人點燃彼此，共同經營生活的美好路程；然而，對於面對自我犧牲型虐愛的個案來說，有時在一頭猛栽之下，很容易不小心燒盡自我，生活也只成了化為灰燼的陪葬品。

在這位個案與我傾訴他與伴侶過往的互動時，有一個令人印象很深刻的特色，就是每當我請他回顧有關於過去兩人的事件時，個案給我的回應經常是這麼開頭的：

「因為那時候他覺得我們應該要……」

「我覺得他那時候可能是希望……」

「他有那樣講過，但是他後來又決定我們必須……」

幾次的談話之後，我嘗試向個案提出一個好奇：

「在我們的談話中，不曉得你有沒有類似這樣的感覺。雖然這是屬於我們的對話，可是，我們聊到的比較多都是他的感受、他的想法。對於你自己的心情、你自己的感覺，我們好像不太有機會了解。」在某次談話的尾聲，我與個案分享了我這樣的感受。

然而這個疑問對個案而言，似乎不太合理，因而駁斥：「我那麼愛他，我當然是比較重視他的感受。」我邀請個案嘗試談談自己的感受，聊聊自己的想法，個案卻欲言又止，最後只能說出：「我的想法……我的想法就是……我很愛他……我不要和他分開……。」

敘說著過去五年的相處，個案以為自己經營的是愛情；談論著情人做出分手的決定，個案也認為自己失去的是愛情。然而，在我們的會談中，似乎很少感覺到愛情，卻一直籠罩著「犧牲」的氣息。個案花了五年時間，一次一次交出自尊、一點一點奉獻自己，到現在，個案好像已經犧牲到自己都幾乎消失了。

當自我犧牲型虐戀出現，結局常常不是很樂觀。更辛苦的是，對於已習慣犧牲自己的人而言，當愛情出現裂痕，甚至是終結的時候，往往是個難以平復的強大衝擊。

因為在我們一路犧牲的過程中，我們的靈魂基本上早就寄託在對方身上，已經是為了對方的需求而存在，幾乎忘記自己存在的意義和價值。因此，當對方離開，我們變成失了魂的空殼，沒有任何方向，沒有任何力氣，只能不斷乞求對方能帶著我們的靈魂回來，讓我們能繼續撰寫犧牲日記的下一頁。

在這趟名為愛情的旅程中，我們犧牲自己的情緒、犧牲自己的尊嚴、犧牲自己的價值。我們進入愛情，但把自我拋在愛情以外，將自我燃燒轉化為犧牲奉獻的能源。

如果我們選擇在愛情中，把一切的重心、一切的價值，都放在對方身上，當對方離開，我們在哪裡？分手固然令人痛心，而最為痛心的，莫過於對方離開以後，我們再也找不到自己。

媽媽問我如果我對她沒有用，那她生我要做什麼？

大概在第四次會談開始，我與個案談起了一些成長的經驗。個案選擇用他看過的一部電影來跟我談起這個話題。

「你有看過『黑天鵝』那部電影嗎？我看的時候，心臟都一直像被按住一樣，尤其是那個媽媽的角色開始說話，我就覺得更不舒服。小時候，我感受到的媽媽，就跟那部電影裡面的媽媽一樣，對孩子有那麼多的期待，總是控制著孩子，那麼令人不舒服……」

「唉……想到就覺得很痛苦……」個案難過的表情，讓我感受到他壓抑已久的無力與無助。停了幾秒，我緩緩地對他說：「感覺母親和你的關係是難以言喻的壓力，不曉得你現在會不會願意談一些小時候和媽媽的互動？」

「就是……嗯……很沒用吧……」感覺個案好像有點難以表達，我試著幫他澄清：「你的意思是，小時候媽媽和你的互動，經常讓你覺得自己很沒用嗎？」

「嗯，我好像說什麼、做什麼，媽媽都覺得我沒用。有時候如果成績不好，媽媽會說『念書怎麼都不好好念，沒用的傢伙。』如果我打翻東西，媽媽就會念我『你又在找我麻煩是嗎？你除了造成別人困擾你還會幹嘛？』；週末的時候，如果我看卡通被媽媽發現，她會生氣地兇我：『看電視看電視，除了看電視你還會什麼？什麼都不會！』」

提起媽媽那些責罵，個案情緒顯得很低落，也繼續回想起許多傷心的往事。

「我國中的時候，因為我爸外遇的關係，我爸媽離婚了。在那之後，我媽媽給我的壓力愈來愈大，常常會對我說，我們是沒有爸爸的家庭，如果我不好好表現，如果我成績再不往上拉，我們就會被看不起。

「國三的一次模擬考，是一個我永遠不會忘記的陰影，媽媽在晚餐看見成績單之後，不准我繼續吃飯，開始在阿嬤面前不停地罵我，罵到激動的時候，還會打桌子、打我的肩膀、推我的頭。

「她說，我真的很沒用；她說，她生我只是在增加她人生的不幸；她說，她付出一切在我身上都沒有回報；她說，我和我爸一樣，讓她成為大家的笑柄；她說，我和我爸一樣狠心，完全沒有想過她需要什麼；她說……」

當個案開始說起媽媽曾給他創傷的這些句子，原本在眼眶裡的眼淚，已經開始蔓延雙頰。

「她說……她說……如果我對她沒有用，那她生我要做什麼？」

發射不出的憤怒，內化為自尊的傷

在接下來數次的會談中，個案與我繼續分享許多成長過程中遭受的質疑，這些質疑通常是來自媽媽，帶給個案很深的羞愧、歉意、自責、自卑，覺得自己是個沒有價值的存在，覺得自己是個讓媽媽痛苦的源頭。

然而，有一次，當個案在抒發這些自卑與羞愧的時候，有兩段話激起了我的好奇心。

「我阿嬤提到我爸，都會很生氣地罵他是爛男人，說我遇到糟糕的爸爸很可憐。可是，我心裡很清楚知道，我可憐的地方，不是有對感情不忠的爸爸，而是有一個情緒不穩定的媽媽。」

「如果像爸爸一樣可以走，我也會走。可惜，我是她的小孩，不是一張離婚協議書就能解決的關係。」

這兩段話之所以會讓我稍微覺得需要思考一下，是因為個案在這邊呈現出的語氣和情緒，似乎和個案原本表達的羞愧與自卑有些不同。於是，我嘗試與他一起探索這些感受後面的情緒。

「當你剛剛說，很可惜無法解除和媽媽的關係，我可以理解成，你其實非常討厭媽媽，甚至對她相當憤怒嗎？」

個案花了好幾秒思考，緩緩地回答：「我不知道，我只想到，我好像偶而會在夢裡大罵我的媽媽。」

許多在兒童時期經歷過多負面壓力的個案，其實都很容易有類似的一種情緒轉換。在年紀很小的時候，當我們遭受到來自父母的攻擊，雖然內在一定會產生憤怒情緒，但是，我們會很擔心，萬一企圖反擊父母，我們很可能會導致自己被遺棄，或遭致更嚴重的攻擊。因此，弱小的孩子，經常會選擇把這些憤怒感完全壓抑。

然而，壓抑的情緒，並不會被忘記。這些無法對外發洩的怒氣，如果沒有被好好處理，或是得到適度的發洩，經過一段時間，很有可能會轉個方向，變成是向內的憤恨，進而責備自己、討厭自己。換句話說，在個案的親子互動中，很可能個案心中累積了很多怒氣，原本是想要用「我不喜歡媽媽，我討厭媽媽」的形式展現，但因為不敢承受可能的負面後果而壓抑，轉而以「害媽媽這麼不開心的我真的很過分」、「我討厭無法滿足媽媽的自己」的形式來承受。

因此，那些兒童時期發射不出的憤怒，逐漸內化為自尊的傷。在媽媽的高壓統治下，個案逐漸發展出許多對於自己生存價值與用處的故障價值觀，認定「如果我沒辦法讓別人覺得我有用，我就是個沒有價值的東西」、「我必須滿足他人、被他人認可，我的人生才是有用的」。

當我們在成長過程中，如果安裝了這些故障的價值觀，我們的自尊基本上就會愈來愈低落，並且讓我們針對親密關係，產生幾種病毒程式，包含「如果我無法讓對方知道我為他付出更多，那麼他就不會覺得我有價值」、「在愛情中，如果我無法一直讓對方滿意，那麼愛上我對他而言是沒有用的」。

灌入這些病毒程式之後，我們基本上已經無能經營屬於兩個人的親密關係，而只能夠營造一個「我是不是能讓你覺得我對你是有用的」這樣的評價關係。

對於這種親密關係成為評價關係的狀態，我們好需要在心裡存在的那些心聲，能夠得到一點點的傾聽。

心理價值感失控者的內在心聲

經營著自我犧牲型虐愛的我們，內心深處，總是有個好痛的問題讓自己隱隱作痛著。

我們知道自己活著，但是，我們不確定我們值得活著。

我們會笑。可是，我們的笑容往往不是來自於自己的開心，而是來自於，我們讓別人開了心。

那樣的笑容，雖然在臉上掛著的是一樣的仰角，但是我們心裡卻沒有真正的滿足感。

在我們的心中，也許曾經有很多感受，也許曾經有很多情緒，可是，我們其實與我們的內心世界離得很遠。然而，我們似乎天生具備看透他人內心世界的一雙眼睛，很自然地能夠看見他人有什麼需求。

我們不只看得見，我們通常還都做得到。為別人付出，聽起來是件需要花很多力氣的事情，可是對我們來說，是我們存在這個世界的自然方程式。

我們很能對別人好，我們很想對別人好。

或者，我們除了對別人好，我們不知道人生能怎麼過。

我們曾經聽過別人說，人要懂得對自己好一點，我們好像有聽，可是卻沒有懂。我們的心中，真的有一點好奇，那些口中說著愛自己、照顧自己的人，到底用的是什麼語言？如果我們成為一個自私的人，有誰會喜歡我們？

是的。就在我們出現這樣一個想法的瞬間，傷害我們的心理價值感的最大兇手就永遠都能逍遙法外了。一旦想到要對自己好一點，「自私」這兩字字就不適切的故意來打擾了。

在我們的原生家庭中，我們從來不能夠自私，因為我們可能需要承接著大人們的完美想像。如果仔細聆聽與整理大人們的言語表達，好像會不得不驚訝，他們想像中的自己有多麼完美。我們似乎很難聽見他們檢討自己，我們似乎很難發現他們曾經犯錯，因為在他們的口中，他們不曾犯錯。

可是，這個家庭還是不順利，或者，他們的關係還是出了錯。

於是，我們可能成為原生家庭的負能量處理機，當這個家庭有人不開心的時候，我們變得很有價值，因為我們可以成為吸收最多負能量的角色。

別再仰望他人，看見自己吧

說穿了，雖然我們還不成熟，雖然我們還很小，可是，我們已經嘗試去承擔好多，那些大人們自己不願意背負的自責情緒。

是吧，這個說法簡單多了吧？與其說，家庭裡有個不夠成熟的大人，不如說，家庭裡有個不夠成熟的小孩。因為小孩不夠成熟，所以大人處理不好自己的事。這個說法對於大家來說，似乎都容易了一些。

我們，也許並不是天生具備看透他人內心世界的一雙眼睛，能夠輕鬆看見他人有什麼需求。也許，我們是不得不學會那麼看，否則我們好害怕他們的失控，足以摧毀我們小小的世界。

嘿，是時候了，我們該善用自己的這雙眼睛，換個方向，往自己看一看。看得見自己的需求嗎？看得見自己的感覺嗎？

也許在我們成長的時候，我們的內心世界，不曾有人主動走進來關心，但是，長大的我們可以接受內心小孩的邀請，我們有責任走進去陪伴那個曾經無所適從的自己。

我們必須走進去，陪伴那個，覺得如果我不願意自我犧牲，就不會有人喜歡的自己。

那個內心世界，在我們的回憶中，也許總是黑白與黯淡。可是，當我們願意和那個內心小孩多走一走，我們也許會發現，他的感受，其實是很多色彩的，可能是藍色的悲傷、灰色的失望、紫色的誤解，以及好多紅色的不滿。

在面對自我犧牲型虐愛之苦之後，如果我們真的有機會走進自己的內心世界，有哪些事情是我們能夠做，幫助我們這份痛能夠得到緩和？接下來我們來看看三個照顧自己、以及兩個照顧親密關係的可能方向。

覺察「單身自我」的那些傷心

自我犧牲型虐愛是親密關係的一種困擾，但是，我們必須要能覺察，這樣的困擾，有很大一部分的成因，其實在我們遇見那個想為他犧牲的對象之前，早就已經成型。換句話說，如果我們會在親密關係，會因為自我犧牲過了頭，而感到心痛受苦，事實上，在我們還沒進入親密關係之前，其實我們也是心中有許多傷痕的一個人。

因此，在處理關係中的自我犧牲問題之前，我們應該要先面對的，是那些「單身自我」的傷心。

承認吧，在還沒遇見那個人之前，我們心中其實已經傷痕累累了。在成長的過程中，我們不知不覺被植入了為他人服務、為他人而活的晶片，腦子裡總是想著我們身邊的人需要什麼，忘了自己也是有需求的人。

承認吧，在沒有進入戀情的時候，我們的心也常遍體鱗傷。在成長的過程中，我們壓抑著好多對他人的不滿，腦子裡總是想著應該是我的錯、是我有問題、一定是我不夠好，從來都不敢可憐自己的傷心，深怕一旦可憐自己，我們會忍不住責怪他人。

承認吧，即使壓在心底很深的地方，但是那些累積的悲傷、灰心、憂鬱，真的很不舒服。

接受「價值感人權論」

會出現在愛情中一步一步失去自己的自我犧牲虐戀現象，有個重要的理由是，我們內在缺乏自我肯定，對於本身的存在價值相當疑惑。這樣的狀態，往往是我們在童年時期，經常面對到「價值感條件論」的對待，學習到自己的價值是有條件的，如果有達成才是有價值，沒達成就沒價值。

如同前面所記載的個案經驗中，當媽媽在得知他成績表現不好，就用完全不顧個案自尊的方式對待他，就會讓個案學習到「如果我沒有讓媽媽滿意，我就是個沒價值的人」、「如果我無法達到標準，我的價值就不存在」，導致一種個人價值建立於外在條件的觀念。

漸漸著，我們口中說的話，總是那麼的厭世：

「沒關係，反正我每次最後總會把事情搞砸。」

「我本來就沒什麼用，就算結果不好也是應該的。」

當我們缺乏自我價值感的狀態，內心彷彿拉著很多緊繃的弦，繫著我們從他人吸收進來的斥責與不滿。當我們繫上了這些心弦，我們內心彈奏的心聲，總是無法逃離自我批評的曲風，或是低落無用的音色。

這樣的內在心弦，呈現的就是「價值感條件論」的危險。我們每一個人其實都應該要擁有「價值感人權論」。就像是自由權或平等權一樣，只要是人，不管什麼種族、什麼性別、什麼身份地位，每個人都應擁有自我價值感。不論我們是否有成就，不論我們做了多少好事或壞事，不論我們是否讓他人滿意，我們都有義務、有權利覺得自己是一個有價值的存在。

換句話說，我們不需要取得誰的肯定，才能檢驗自己的價值，因為我們存在的本身就充滿意義，因此每個人都如此珍貴，如此值得美好的對待。

學習與「魔王之聲」對話

在我的經驗中，自我價值感低落的個案，通常都會經驗到一種惱人的思緒，這裡我將它命名為「魔王之聲」。所謂的魔王之聲，是當我們面對到生活中的一些壓力事件時，腦中似乎會非常快速閃過一些完全無法控制的負面念頭，用眼前的壓力事件來批評、責備自己。

舉例而言，有些個案會說，當他在工作開會時需要發言的時候，即使已經有做好準備，真的要開口之前，腦中似乎就是會不自覺地出現一些質疑的念頭，像是「老闆其實不在意你想說什麼」、「你就算有準備也不會有好結果」等的魔王之聲。

如果我們希望可以讓原先過於低落的自我價值感有所調整，觀察這些魔王之聲是很重要的一個成長契機。說得直接一點，如果我們希望修復自我價值感，那麼我們的目標就是學習和魔王進行辯論大會，並且在未來的某一天，把魔王徹底地辯倒，讓魔王再也不敢出聲。

例如，當我們正在為自己某個夢想努力，魔王卻出聲表示：「你再努力也無法獲得他們認可！」我們其實可以提問魔王很多的問題：為什麼你覺得我的努力一定要被別人認可才是有用？世界上所有的人做每件事情都是為了別人嗎？就算別人不認可，難道做一件讓自己滿意的事情不是某種意義嗎？為什麼你說話要那麼絕對？什麼叫做「一定不會」？十次的嘗試裡面，就算七、八次會失敗，還是有兩、三次好的可能不是嗎？

曾經有個自我價值感非常低落的個案，他是用「巨人的手掌」來形容他經驗到的這種魔王之聲，他告訴我，他的生活中非常容易被他腦中的「巨人的手掌」攻擊，如果他得到了某些正面的機會，「巨人的手掌」就會重擊他，並且提醒他：「你是個一事無成的傢伙」、「你很沒用，根本對社會沒有什麼貢獻」。經過了幾周與巨人辯論的訓練，個案告訴我，以前他覺得巨人只要一出手，他就會整個被打趴，如同掉入煉獄，心情嚴重低落；最近他卻能感覺，巨人雖然還是會出擊，可是手掌的力道好像有減弱一點，被打到的時候自己還算爬得起來，不會有那種整個失去力量的感覺。

也許，很不幸地，在我們早期生命中，當我們正在建立自我價值感時，無法得到完善的環境，給予我們應有的支持。但請務必記得，我們永遠可以成為那個自我價值感的打造者。

親密關係「有用感」的服用須知

一個人如果自我價值感較為低落，通常在生活中很難擁有足夠被重視、被認可、被在乎的感覺。愛情的出現，尤其是在初期的甜蜜互動，確實是滿滿的重視與在乎，徹底滋潤了的內心，翻轉缺乏存在價值的悲劇。身為一個不夠肯定自己、不夠珍惜自己的人，一旦進入一段愛情關係，感受到那些濃厚的愛意與在意，不意外的，我們會呈現狂熱的狀態，容易克制不住進入自我犧牲虐愛狀態。

為了維持這份難得的感受，一不小心，我們很容易在自愛與被愛中二選一，讓自己在愛情中變得只有對方，看不見自己。犧牲，是一顆感受自我價值的猛藥，給我們非常鮮明的藥效，強烈感受到自己的用處。也許，我們拚了命地犧牲自己、成全對方，只是想要重複體驗愛情中的自我價值，以及獲得渴求已久的「有用感」。

當然，並不是所有愛情中的犧牲，都會導致自我犧牲型虐戀的狀態。在愛情中能夠提供對方好處，讓彼此能經驗到「有用感」，其實不是一件壞事，甚至可以說是必要的事，每個人都應該要在自己的親密關係中讓彼此覺得互相有幫助、有貢獻，關係才可能比較穩定長久；但是，這裡有兩個非常關鍵的問題必須小心：

一、「有用感」的判斷者應該要是得到好處的人，而不是提供好處的人

在一個比較健康的親密關係中，當他們在經營彼此的「有用感」時，他們該去關注的問題是「他是不是覺得我有貢獻」，而不是關注「我覺得我對他好有貢獻」。舉例來說，男友決定為女友的犧牲某些事情之前，他應該要去跟女友確認她對於這個犧牲到底有什麼判斷，女友是否真的認同這是男友在親密關係中，對她有正面意義的行動。

反之，如果男友的犧牲只是自己幻想出的一場犧牲美夢，認為「我如果連這個都能為我的女友付出，我就是一個好棒的男人」、「我竟然能夠犧牲到這個地步，沒有人會不知道這到底有多難」，只是自己在服用著那帖名為「犧牲」的「有用感猛藥」，從頭到尾完全忘了去關注女友是不是真的有這樣的需要，那麼這個男人偉大的犧牲美夢，夢醒後可能就會被戳破的現實衝擊，走入自我犧牲虐戀的困境。

二、「有用感」必須建立犧牲者的可接受範圍內，任何超出限度的犧牲，終將以更負面的形式反撲

很多人視愛情為神聖的關係，但就算愛情再神聖，在愛情中的兩個人終究還是凡人，對於任何事情的接受度一定有範圍，一定有極限。為心愛的人犧牲，指的是「提供最大範圍的犧牲」，但絕對不是「提供無止境的犧牲」。

例如，原本雙薪的家庭，先生因為自覺興趣與工作不符，而希望離職待業，因此太太增加一份兼職工作，扛起全家經濟重擔，犧牲自己生活的自由度，這是可能的犧牲，但夫妻間必須要確定，太太這樣的犧牲，到底可以接受怎

麼樣的範圍？半年可以，一年可以，一年半可以嗎？如果先生兩年後還沒有找到有興趣的工作，這樣的犧牲應該再繼續嗎？

如果太太心中的底線其實已經被超過，繼續犧牲下去，未來這段關係是會非常危險的，因為就算太太容忍了經濟上的過度犧牲，也很容易會在其他的層面（即使毫不自知）要先生付出代價，甚至加倍奉還。

調整彼此的「犧牲默契」

基於上面兩個觀念的提醒，如果希望一段親密關係避免進入自我犧牲型虐愛狀態，雙方其實都應該經常去探討：

1. 我們正在為彼此做那些犧牲？
2. 對於彼此做出的犧牲，我們各自感受是什麼？

3.我們彼此的犧牲可以接受的界限可能到什麼程度？

親密關係是兩個人的事情，處在親密關係中的雙方，其實都有責任依循上面的三個問題，去釐清彼此在愛情中的犧牲到底如何運作，在彼此的關係出現自我犧牲虐戀傾向之前，得到最適當的調配。

當我們嘗試與伴侶這樣對話，有些時候，我們會驚訝於對方的細膩，意外聽見一些我們從未希望對方注意，對方卻傻傻為了我們付出好多，也還在傻傻等著被我們肯定的地方；當然，有時候，我們更是詫異，詫異於每日每夜與我們相守，吃著相同食物的另一半，價值觀跟我們還可以那麼遠，異想天開地期待我們會為彼此做出荒謬的犧牲。

然而，也許就是這樣一點一滴的累積、一字一句的校正，能夠讓我們與伴侶活在最為安放彼此的位置。

這樣愛，不失控

在愛情中，為了成全你，我必須燒光我自己？不，不該是這樣的。在愛情中，我會在我接受的範圍，用你最喜歡的方式，給你我最大的奉獻。

CHAPTER

2

請做一個配得上我的情人好嗎？

全面控制型虐愛

我像是一顆棋子
來去全不由自己
起手無回你從不曾猶豫
我卻～受控在你手裡

——潘麗玉〈棋子〉

另一半這三個字，對你而言是什麼定義？

親密關係到底是兩個半圓組成了一個關係，還是兩個完整的圓，連結出一段關係？

進入一段愛情後，我們會為愛情忠貞，為彼此提供專屬的愛，只灌溉一棵樹，放棄森林中其他樹的可能性。

然而，不知不覺中我們卻發現，有一種愛情中出現的期待，是要我們不但放棄愛情的森林，也放棄掉自我的海洋，放棄掉友情的陽光。

「當你決定愛上我，請讓你的生活只剩下我。」

這樣的描繪，貼近的是全面控制型虐愛的畫面。

「你明明知道這些期望對我有多重要，你為什麼就不能放在心上？」

「你連提供我的家人基本的照顧都做不到，你還有什麼臉說你對我有愛？」

「我對你的付出還不夠嗎？憑什麼你還要繼續跟那些亂七八糟的朋友來往？」

在一段全面控制型虐愛中，愛情不單單只是愛情，而是各種需求的大雜燴。所有的事情，因為我們進入了一段親密關係，變得不再單純，充滿了附加條件。漸漸地我們開始感到壓力、無力，因為似乎變得很難再自在地做自己。

「你如果愛我，你應該要讓我們走向我想去的地方。」

「你如果愛我，你應該要為我們努力到我想成為的樣子。」

這真的是愛嗎？

愛到失去自我，才是愛嗎？

在全面控制型虐愛的字典中，有很多的禁用字詞。在親密關係中，我們不應該有「自我」，因為維護自我就是在拋棄愛情；在親密關係中，我們不應該追求「獨立」，因為一個獨立的人會去輕視愛情；在親密關係中，我們不應該享受「自由」，因為有了自由，就會不再親密；在親密關係中，我們不應該企圖「自主」，因為一個人的自主，會是另一個人的痛苦。

這樣的虐愛類型，通常不會在親密關係的初期被看見，因為它與「熱戀期」有著某種共通的滋味。處在熱戀期的時候，我們天天想著貼近對方，時時刻刻希望深入彼此，的確是不太在乎是否體會到何謂自我、何謂自主。

然而，時間卻會讓這樣的滋味改變。一般的親密關係可以在熱戀過後，逐漸地恢復成兩個獨立個體共同經營的親密連結；可是，對於那些有全面控制型虐愛潛質的伴侶來說，他們非常抗拒回到個體狀態，因為在他們的心中，已經擅自準備好很多目標，等著另一半來持續投入和完成。

隨著全面控制型虐愛的前進，關係中的兩人，可能出現完全不同的心聲。感受到失控的一方，覺得被束縛得好累：

「我愈來愈不知道我自己在為什麼努力了，我也無法理解什麼叫做我應該把重心放在我們的未來，我怎麼做都不對，怎麼做都不夠。我真的沒有想過愛情需要我犧牲那麼多事情，我不知道一段親密關係中要那麼多事情需要放棄。我更不知道，我一再選擇放棄，換來的是我伴侶永遠覺得我不夠在意。」

然而，這樣的累與束縛，聽在另一半的耳中，有時會覺得很不以為然：

「我真的要承擔太多了，我真的很需要有一個可以讓我完全依靠的人，我要的伴侶不應該是這樣不負責任的。對於我們的未來，他說不出來；對於我們的目標，他努力不了；我怎麼鼓勵他、督促他，他根本沒有起色。兩個人要在一起是那麼不容易，明明有那麼多的事情要經營，他怎麼以為他可以一直天真下去。我到底是在跟他談戀愛，還是在教育一個小孩？」

這樣的親密關係，聽起來應該很虐心。

兩個人，其實都在痛，可是痛的位置與程度，另一半似乎都完全感受不到。這樣的失控關係，充滿著好多焦慮、掙扎與衝突的未來。這樣的失控，其實，可能來自一個罪惡與無助的過去。

我的另一半怎麼可以那麼廢？

曾經有個個案，覺得自己在進入婚姻之後變得好不開心，希望能夠藉由我們的合作，給予他一些心情上的調適。

「我真的很累。我沒有想過跟一個人交往、結婚，其實是一個在教育他怎麼做人的過程。」個案邊皺眉頭邊說。

「他真的很廢。我們每次要回台灣，明明都有那麼多計畫該準備好，好不容易回去一次，本來就應該要把我的家人照顧到、把他的家人照顧到，有那麼多事情需要規劃和分配，他就只會想著這次回台灣想要去吃什麼，到哪裡走走，到哪裡找朋友，這不是很可笑嗎？我是帶一個小孩回台灣去放寒假嗎？」

個案雖然語氣還算緩慢平穩，但感覺得出來內心有很強烈的怒氣。我回應個案：「聽起來好像結婚之後沒有一起前進，反而有種被拖累的感覺？」

「沒錯！其實不只是婚後，我們結婚之前，他就已經曾經是這樣不負責任的心態了。結婚要花多少錢，大家都知道，可是我們當時的狀態根本還差了一大截。明明是需要一起努力的時候，可是，他根本沒有盡力，只有我一直在規劃、在控制，他還一副我們可以一直當無憂無慮少年少女的樣子。」個案點頭大聲認同，繼續訴說著另一半有多麼不成熟。

「回想起來，前幾年剛開始交往的時候，我其實就注意到了他的這種態度。他第一次回我家的時候，完全沒有事先問我家人喜歡什麼，就隨便選了一個火車站到處都買得到的禮盒。」

個案清楚地說明了一次又一次伴侶讓自己失望的地方。我嘗試關心這樣的係狀態對於個案本身，有什麼樣的影響和感受，我問：「感覺伴侶真的有很多令我們失望的行為表現，可不可以跟我說明一下，伴侶哪些行為，對於你而言是什麼樣的意義與感受？」

個案思考了一陣子，慢慢地告訴我這些感受：

「我覺得他讓我感覺到未來很危險、很沒有規劃。我們的生活，難道不就是要為了我們的未來去準備嗎？他說，我不夠在乎他現在的感受；我才想說，我不知道他怎麼可以那麼不在意未來？如果我們不能把未來準備到最好，那我們要怎麼知道現在做的事情有用？」

「我覺得跟他在一起我好像會被誤會成一個不懂事的人。我們是一體的啊，身為我的伴侶，如果他表現不好，那不等同於我不好嗎？他不應該一直拖累我，扯我的後腿。」

「我覺得他讓我呈現一個很不聰明的狀態。他根本不在意我們兩個人呈現在他人眼中的樣子，他讓我無法在我家人面前抬起頭。如果我們兩個人不能把狀態經營好，這不就是在告訴大家我不會選人嗎？」

聽到個案與我分享了這些親密關係中因為伴侶而出現的困擾，我嘗試幫他整理一下擔憂的內容：

「感覺我們一直以來，都非常努力讓自己在他人眼中是個很聰明、很有規劃、很懂事的人。在進入親密關係之前，我們一路長大的過程，也都是這麼小心翼翼地希望別人相信我們很懂事、很沒問題嗎？」

「嗯……應該算是吧？」經過類似這樣的對話，後續幾次個案與我的對談，開始回溯一些過去在原生家庭中的故事。

如果你再不守規矩，我就會拋棄你

在下一次的會談中，個案和我提到，自己曾經和媽媽在互動上感覺蠻創傷的經驗。個案回憶起國中時期，有一次，他在教室裡和同學玩遊戲，一個同學不小心弄破了一片玻璃，讓他腳上受了傷，流了不少血，回家前老師也有先打了電話回家和媽媽說明狀況，建議媽媽可以帶個案去看個醫生。

「那天，我受了傷回家，我以為會有人安慰我，可是，我看見一對好冷的眼神……」我看見個案臉上透露出些許不安。

「可以跟我分享更多關於那雙眼神給你的感覺嗎？」我慢慢地問。

「我不知道該怎麼形容那個感覺……媽媽看著我的眼神，真的很冷漠，他一整個晚上什麼都沒有對我說，也沒有罵我。但是我可以感覺到，媽媽的態度是在告訴我，我很不乖、我很糟糕，我非常需要好好地管理我自己。我感覺到她想告訴我，如果我再敢造成她的麻煩，她就會再也不理我了；如果我繼續闖禍，她會直接拋棄我。」個案原本的不安情緒，逐漸轉化成一種哀傷的感覺。

「那種心理上的害怕，已經不是感覺到媽媽會想要拋棄我，而是幾乎感受到媽媽是很清楚的表達，她真的會拋棄我，完全不是在開玩笑。」說到這邊，這位個案第一次掉下令人心疼的眼淚。

讓個案稍微宣洩情緒，流了一兩分鐘的眼淚之後，我輕輕問：「在那個晚上，我們不只身上有傷口，我們心裡是不是好像也空了一塊？」

「嗯……我覺得，我是可以丟掉的，而她覺得無所謂……」伴著淚水，個案這麼說。

這樣的早期經驗，在個案的腦中，漸漸形成了一個令人鼻酸的連結：「失望」會帶來「遺棄」。

每個孩子都有不乖的時候，每個孩子都有讓父母失望的時候，然而，對於這位個案來說，讓媽媽失望，需要經歷的不是怕被責罵的緊張感，也不是覺得抱歉的歉疚感，而是一個生死存亡的生命威脅感。

「在媽媽眼中，我到底有沒有在一個表現好的狀態，真的很重要……」聽到個案自己的省思，我陪著個案一起去感受那些連接：「當我們沒有把自己控制在一個表現很好的狀態，我們好像會想到媽媽那雙冰冷的眼神，會認為自己是一個很糟糕的存在，並且感覺到自己即將要被拋棄，真的是一個很危險的狀態，內心也出現了極強的恐懼與焦慮。」

「嗯……」看著持續在掉淚的個案，我說：「這些眼淚，雖然都是透明無色的，可是裡面的情緒好像其實有很多不同的色彩。媽媽對我們漠不關心的樣子，讓我們掉下害怕的眼淚；想到我們讓媽媽失望，我們掉下內疚的眼淚；感受到即將被拋棄，我們掉下焦慮的眼淚；發現自己原來是個不重要的存在，我們掉下無力的眼淚。」

「我們在成長的過程中，有點不幸的是，我們不小心建立起一些讓自己很不舒服的連結。如果我們讓他人失望，我們就是有罪的；如果我們沒有滿足他人的期待，我們就會被丟掉。這種威脅感真的好痛苦。」

哭了大概十分鐘後，個案情緒慢慢緩和，跟我分享了他想起弟弟也許也和他有類似的感覺。

「對了，我想到可能我弟弟也有類似的感覺。我和弟弟其實是很少聊天，不過有一次因為知道他心情不是很好，我有花時間去關心他一下，他確實也有提到，他真的很害怕媽媽可能會知道他最近的狀況。他還跟我說他以前為了避免被媽媽發現自己成績退步，也攔截過成績單啊什麼的，這些在別人口中好笑的回憶，他回想起來一點也不有趣，那種焦慮感隨著回憶又湧了上來，就是覺得如果自己不好的地方被發現很可怕。」

「我覺得弟弟或許內在和我一樣這樣擔憂，他其實一直以來也是很努力的提升自己，總是把自己的狀態維持得很好那種。」

當我們慢慢地看這一切，也許，那種需要提升自己的感覺，並不是一種求好求進步的心態，而是一種毫無選擇的無奈。那種必須持續監督自己的感覺，是由於我們心中有個聲音，提醒自己，如果再不提升我自己，我會為一個很爛很糟糕的孩子，別人也就不會願意再重視我了。

「我是為你好！」反而讓我們不好

那種必須提升自己的想法，隨著個案長大，隨著個案進入親密關係，逐漸化作為一種「我們必須要一起提升」的想法，延伸出了「我必須提升自己的另一半」的感覺。

在後續的對話中，我向個案提出一些這樣的連結：

「感覺我們一直以來都非常努力讓自己在他人眼中是個很聰明、很有規劃、很懂事的人。可是，在我們進入親密關係之後，我們覺得好難再維持那個很聰明、很有規劃、很懂事的自己。」

「我們其實在進入親密關係之前，就已經是一個好小心翼翼的人了，很認真地讓自己進步，很小心的維持自己在他人眼中的樣子，甚至是壓抑自己的需求也無所謂。然而，在進入親密關係之後，我們多了一個要小心翼翼的領域，我的另一半到底有沒有達到他人的標準，我的另一半到底有沒有被他人滿意？感覺我們真的很需要很認真地去監控另一半。」

類似這樣的連結，在現今親密關係中其實很常見，尤其是當社群軟體被人們使用得更加頻繁，不管是自己的或是伴侶的生活狀態都更透明、更公開，因此對於原本有這樣的自我狀態焦慮的人來說，真的是會變得更難熬。

在那些「我的伴侶必須和我一起提升」的想法和感覺之下，原本一段單純的親密關係，往往神不知鬼不覺被強加上了一些不單純的需求。

這些需求，通常會伴隨著一些聽起來很合理的理由。不管是放在心裡，或者是真的說出來，其實也都不會覺得哪裡不太對，諸如像是：

「上進一點是應該的啊，每個人不都是希望自己的另一半上進一些嗎？」

「愛不是本該對彼此有所幫助嗎？伴侶就該是個能讓我變得更理想的人啊！」

「一個好的伴侶，當然要成為另一半的幫助，敦促對方當然是為他好啊！」

當一段親密關係只剩下變得更好的目標，或許，這段親密關係，就注定變得更糟。

我們不用一模一樣，也能好好愛

經過了數次的會談，這位個案看見，自己平常看不慣另一半的那些地方，似乎大部分都來自於自己是否能夠被他人認可的焦慮。例如，個案開始向我分享這樣的判斷：

「現在看起來，我對於他的那些生氣，確實是不只對他這個人，或者是那件事情本身，我其實也會氣，他為什麼要害我不能全心全意去達成我媽對我的期望！我介意的，好像其實是他破壞了我是一個優秀子女的形象。」

「可能因為當初我決定要跟他在一起的時候，我家人就已經有一些微詞。在那樣的前提之下，我好像真的是會非常得緊張，我很擔心我如果過得不好，或者是他表現得不好，就等於是給家人一個證據，表示我真的選錯了，表示我真的很糟糕。」

在幾次的會談之後，個案開始對於原本的情緒有了新的詮釋。個案對於自己的心理負罪感失控後轉移到親密關係的歷程，有愈來愈清晰的理解：

「我其實很害怕感受到家人對我的質疑、很害怕讓家人覺得我做錯。家人對我的責備，確實是內心蠻大的一個恐懼，讓我一直覺得自己做得不夠好。這些焦慮感，好像都慢慢轉變成我覺得我的伴侶在拖我後腿，覺得他很討厭的感覺。」

後來，在接近結案的某一次會談，個案還提到他覺得內心其實非常羨慕他的伴侶：

「說真的，我其實內心好像還蠻羨慕他的。我覺得，他其實是一個過得很自在的人，他不會一直去擔心別人怎麼看他。」

「我就很像有個內建的中央空調系統，管轄範圍很大，負責著我身邊所有人的氣溫。我如果感受到我媽那邊有點冷，我就會認為自己有責任立刻放暖氣過去；我如果感受到我老闆那邊有點熱，我就會覺得自己要盡快想辦法幫他降溫。」

順著個案生動的敘述，我開玩笑地這麼說：「這樣聽起來你真的二十四小時都很難放鬆。」

個案立即拉高音調回應：「真的……我真的很累！像我另一半多好，他根本沒有任何系統在偵測別人的狀況，根本沒有覺得自己需要負責什麼，真的好好喔。我如果可以跟他學一下好像其實也不錯！」

在全面控制型虐愛中，類似這樣的覺察，可能是這段虐愛得以慢慢鬆動的一個開端。然而，那些在過去遺留下的心理負罪失控感，也需要得到一些溫暖的理解，才會有破冰的可能。

心理負罪感失控者的內在心聲

經營著全面控制型虐愛的我們，是這麼相信的嗎？如果不能把自己經營成很好的人，我們有很大的可能會被拋下……

我知道，我們曾經好需要創造出一個完美的形象來面對世界。在我們的原生家庭裡，如果我們不努力達成他們的期待，如果我們不謹慎經營他們想看見的樣子，我們真的會好擔心會失去他們的愛。

這些其實都讓我們覺得很辛苦，但是，我們從來不敢承認自己辛苦了。因為，開始自憐，是一個令人焦慮的壞習慣。一個不夠優秀的我，是沒有資格停下來的；一個不夠完美的我，是沒有資格被安慰的。

我們，很辛苦的是，與自己的辛苦前進在平行的軌道，沒有機會去觸摸到自己的難受。

有的時候，我們可能有點累，有點倦了。

當我們感覺到，優秀的代價是永無止境的提升，是全年無休的督促，我們內心，好像覺得有點慌了。我們以為優秀會帶來放鬆，可是，我們發現身邊好多不完美的人，早已經得到了那份我們遙不可及的自在與心安。

在內心深處，其實我們真的好想自在。其實，我們也真的值得自在。我們看著別人，好羨慕「自在感」可以是在他們生命中不被禁止的片段。

可是，那樣的羨慕，依然不會被我們的內心所接納。我們故意把羨慕拒絕在心牆之外，因為我們不想要那樣的羨慕感，不想要擁有一個會企圖把我們推往自在的情緒。至少，在我們原生家庭的標準中，我們需要的不是自在與放鬆，我們該學習的是自律與管控。

於是，有的時候與其去看見自己是不是太緊繃了，我們不如緊緊盯住他人因為不緊繃而犯下的錯。當我們揪出他人的錯，我們好像得到了安撫。也許那叫嚴格，也許那叫苛刻，但不管那是什麼，在我們挑出他人的毛病的時候，我們得到了一張證書，可以給過去的自己一個交代，告訴自己，長大後的我是一個更接近完美優秀的成人了。

然而，那麼想接近優秀的成人，內心的孩子，真的長大了嗎？在那完美的包裝盒裡，我們繼續保存的，會不會依然是那份被父母拒絕的害怕，依然是那份我不夠好的內疚？

也許，底下幾句話聽起來會讓我們焦慮，但我們一起試著聽進去。

現在，終於，我們已經是一個成人，我們已經不再需要依賴任何一個家人才能夠生存。那樣曾經肩膀壓得好緊的期待，是時候，該讓它們留在過去了；是時候，該讓我們做一個我們眼中的自己，遺忘掉曾經被耳提面命要假扮的樣貌。

曾經，我們這條追尋優秀與完美的天堂路，是為了得到他人的接納。但是，現在的我們，已經有力氣接納自己。請記住：

讓別人失望，無罪。

不管是自己，不管是我們親面關係中的另一半，我們都可以在愛中放鬆。

在親密關係中，如果我們希望放下那些難以忍受的控制，避開那些不適至極的失控，我們需要嘗試的還有很多。

重新檢視關係中的那些「基本要求」

在我過去協助個案處理親密關係議題的時候，每當個案開始用一些其他關係的比喻時，我都會把它視為這是個案能得到新的想法一個重要機會。以經歷全面控制型虐愛的個案來說，當我們開始討論這段親密關係，為自己帶來多大的壓力時，我很容易在過程中聽見個案說出類似以下的句子：

「我是想要找一個可以支持我的人和我一起生活，我不是想要多一個兒子／女兒啊！」

「他真的把自己過得太像一個無行為能力的嬰兒，我實在沒有那麼多精力去照顧他！」

「都已經幾歲的人了，還需要我一直引導他、教育他，搞得我好像是他老師一樣！」

當這樣的句子出現，我通常會是著請個案停留在這個想法裡，仔細地感覺一下自己以及這段關係發生什麼事情。

「是啊，怎麼會這樣呢？明明是夫妻，卻變成母子的感覺？」

「哇，確實很誇張，明明是親密關係，怎麼變成師生關係了？」

全面控制型虐愛，其實表示這段愛情已經失去親密關係的本質了。愛情與親密關係的本質，如果故意只用四字成語來了解，我覺得可以描述的包含有兩情相悅、情投意合、心有靈犀、水乳交融、長相廝守、海枯石爛之類的內涵。也就是說，所謂的親密關係，指的是兩個人能夠很深層地理解對方想法，對於彼此的感覺和感受互相重視，雙方擁有很深厚的感情，並且希望這樣的關係狀態能夠一直持續下去。

然而，在全面控制型虐愛中，兩個人關係的本質，出現的成語有了很多意外卻也不意外的內容。可能是太太不停地要求先生要「光耀門楣」，讓自己有好的生活，讓娘家覺得自己嫁得厲害；或者是先生要求太太必須要「愛屋及烏」，既然嫁給我，就要把我每一個家人都照顧得無微不至。

當我們忘記了親密關係的本質，很容易一不小心，把自己變成了親密關係中的「虎爸」、「虎媽」，甚至是「教練」，進入那些望子成龍、望女成鳳的歷程，和彼此的互動中做了很多檢討、督促、提醒、和要求，忘記了去關心、扶持、尊重和陪伴。

就像是幾年前，公視推出的「你的孩子不是你的孩子」那部頗受討論的電視影集一樣，當父母在親子關係中忘了自己的照顧與撫育角色，轉而用控制教養來管理孩子，企圖將孩子塑造成自己認同的樣子，往往會讓親子關係走向令人遺憾的狀態。

對於親密關係來說也是一樣，一段親密關係的進行模式，如果不是來自雙方真心的共識，而是基於某一方的目標而定，不用多長時間，我們可能就會感覺到「我的伴侶不是我的伴侶」了。

當我們發現全面控制型虐愛似乎成為我們親密關係的困難，稍微靜下來，省視一下這段關係現有的成分是什麼，通常不難發現幾個調整的方向。

複習人生，標定那些負罪無望的病毒程式

在前面的討論中，提到對於全面控制型虐愛的塑成來說，成長經驗中的「負罪無望感」是個可能的重要背景。所以，如果希望能夠在這個議題上面得到

鬆綁，勢必會需要進行一些「人生複習」，感受一下自己在成長過程中，曾經在哪一些時刻經驗到罪惡感、無望感，並且看見這些情感如何影響自己的價值觀，進而產生什麼樣的親密關係病毒程式。

那麼，那些負罪無望感，通常可能是來自於什麼樣的成長經驗？一般來說，大致上可以從這三個方面去觀察，檢視自己是否帶著太多不必要的負罪感、無望感而成長：

一、我是家裡負面狀態的罪魁禍首

在成長過程中，我們是否承受太多指控，認為自己是導致父母或家人不幸的壞人？父母生氣、不順心的時候，是不是習慣對我們說「就是因為你這樣，家裡才會……」、「要不是你，我們也不需要……」等句子發洩，例如「要是你敢為我出聲，你爸就不敢這樣欺負我？」、「如果你能常常陪你媽，他就不會那麼痛苦！」、「要不是你表現那麼差，我們夫妻還會一直吵架嗎？」，甚至狠心地用

「後悔把你生下來」等令人痛心的形容來斥責我們，讓我們不知不覺地傻傻相信，在某個程度而言，也許我們不在反而會為這個家庭加分。

二、不遵從他人的我是有罪的

在成長過程中，我們的家人會不會經常明示或暗喻，如果我們不能好好遵守要求，我們將必須承受嚴重的後果？小至如何交友互動、大致生涯規劃選擇，我們的家人是不是會嘗試威脅我們，要按照他們的指令行動？當我們希望獨立做出一些自己想要的決定，家人可能會強烈反對，配合「我管你其實是為了你好」、「我是因為愛你才這樣要求你」的訊息，甚至說出「你如果再不聽我的話，你以後就會跟你爸爸一樣對不起我」等等高壓的語句，讓我們心中原本想要反駁的心意，轉化成罪惡感，只好無力選擇順從。久而久之，我們逐漸相信，如果自己企圖去反抗他人的命令，是在做對不起他人的壞事。

三、失去別人的肯定我會崩潰

在成長過程中，我們是不是接收到太多讓自己沒有信心的訊息，並且誤以為得到他人的認同與肯定是我們的生存之道？父母可能對於我們有著非常條件式的關心，我們必須很乖才會得到愛，我們如果不乖就不會得到愛，為了得到父母的愛，我們一直努力成為他們期望中的孩子。在追尋肯定的路上，如果幸運地得到好結果，父母不忘澆點冷水，告訴我們「這樣還不夠成熟」、「你還是需要我們的幫忙才行」；若不幸失敗，我們會接受到「你的未來靠你自己是不可能成功的」、「少了我你果然還是不行」等打擊信心的訊息，讓我們走上永遠在為了爭取他人肯定而努力的不歸路。

當我們在成長中出現了這三種類型的經驗，我們很難是一張白紙的狀態，去與我們愛上的人好好經營親密關係，因為我們不經意地讓那些累積的負罪感、無望感，成為進入單純愛情的阻礙，抱持著「如果我無法帶給對方更好的未來，那麼愛上我對他而言是沒有用的」、「在愛情中，我要讓對方變成一個更好的人，我才是一個有用的戀人」等等親密關係病毒程式。

當關係中的兩人，能夠透過彼此的陪伴與溝通，將那些全面控制型虐愛相關的病毒程式完成標認之後，才能夠真正看懂這段親密關係的難處，得到一些調適的可能性。

對話中的「我們」，需要中場休息

在全面控制型虐愛中，發生爭執與衝突的時候，彼此的對話經常會出現一種特性：

「天啊，都已經結婚了，你怎麼會還沒有準備好迎接『我們』未來的挑戰？」

「你怎麼會那麼不重視別人怎麼看待『我們』？」

這樣的句子聽起來很自然，可是卻藏著一個非常弔詭的疑問：「我們」到底是誰？

舉個例子來說，曾經有一位在感情中充分覺得被控制的個案，跟我分享這樣的看法：

「我以前一直以為我們兩個人的關係是他非常重視的事情，他說話的主題也都是在談我們之間的事情。可是，後來我慢慢冷靜下來，我突然很驚訝，他重視的其實不是我們，而是我有沒有好好成就他心中寫好的劇本。」

換句話說，在全面控制型虐愛裡，那些焦點放在「我們」的對話，其實很有可能不是兩個人共有的需求，而是一個人單方面對於兩個人的期待。

因此，在親密關係溝通裡，有時候，我們可以嘗試著放下「我們應該……」練習在對話中，讓彼此回到單純一個人的狀態去溝通，讓一切的需求暫時回到正確的起點去溝通。

就以上面具體的對話例子來說，原本的說法是：「天啊，都已經結婚了，你怎麼會還沒有準備好迎接我們未來的挑戰？你怎麼會那麼不重視別人怎麼看待我們？」為了避免全面控制型虐愛繼續惡化，我們可能需要學習將這樣的表達轉化為「因為我和你已經結婚了，所以我很希望你能夠多規劃一下未來的事情，我很難接受未來別人可能會對我，或者對你出現負面的看法」，並且在這樣的表達之後，加上一個問句：「對於我有這樣的希望，你覺得怎麼樣？」讓彼此能夠先回到自己的範圍內思考與對話，不讓模糊假性的「我們」打破彼此真摯的情感。

這樣愛，不失控

你的伴侶不是你的，讓對話中的「我們」中場休息，放下「為你好」，對我們更好。

CHAPTER

3

深愛的人，傷得最深

恨意爆表型虐愛

一個我像不會累一直往前
一個我動彈不得傷心欲絕
我不確定，幾個我，住在心裡面
不快樂，不傷悲，情緒埋藏成了地雷
等待爆裂

——姚若龍〈分生〉

愛和恨的分界，我們是怎麼拿捏的？

「我真的是用我的生命、全心全意在愛他，他怎麼可以對我毫不在乎……我真的很恨他。」

也許，我們沒有想要去拿捏愛和恨的分界，我們沒有希望在愛和恨之間劃出界限。我們，交織的——就是又愛又恨的關係。

當我們進入一段親密關係，我們心甘情願為對方付出，我們也心甘情願包容對方的不付出。每當我們愛的那個人讓我們失望，我們告訴自己，這是可以接受的，這是可以接納的，只要我們還有愛，就可以忍耐。

然而這樣的忍耐，在有一天終於看見他的無視與不在乎後，逐漸化為憤恨。恨意爆表型虐愛，是愛，也是恨。明明是一段有愛的關係，可是總是在某個瞬間，卻會爆發成滿滿的恨意。

回頭看一下過去，我們有點模糊，這段關係是怎麼走到這樣的錯綜複雜。當那個人出現在我們生命中，我們好像花了不是太多的時間，就相信這是一段我們能夠投入的關係。

當我們開始相信、開始投入，我們變得完全接納、完全寬容。我們傾向忽略對方給我們的一些小傷害，因為那些小傷比起愛情來說，完全不值得一提。漸漸地，我們開始讓對方一步一步侵略我們的領土，開始讓對方一點一點跨越我們自我的界限。

或是說，我們其實根本沒有什麼界限。既然是我最愛的人，我們之間，何必有界限？

於是，對方開始忽略、開始辜負。那些單純的愛化為累積的怒，最後爆發成爆裂的恨。

於是，我們心裡的那個他，在我們的生命中，幾乎可以說是我們多種情緒的唯一對象。他是我們的最愛，他也是我們的最恨；他是我們現在就想見到的，他也是我們希望不再想念的；他是我們最想靠近的，也是我們最想遠離的。他，讓我們最痛。然而，在一切累積到忍無可忍的一刻，我們，好像也成為傷他最多的那個人……

「我發了一整夜的瘋」

曾經有一位個案，因為自己被自己和親密關係對象吵架時的情緒嚇到了，希望能從心理專業得到協助。

「當時是剛吃完晚餐不久，我和我的交往對象原本在討論著下週的行程，我在關心他下週有哪些安排，因為我想要先知道他的行程，再去排我打工的時間，避免我們約會的時間被影響。」

「因為他有某幾天的行程好像有什麼規劃，但是交代的又很模糊，我就稍微多問了一下，可是他就變得很不耐煩，他的不耐煩讓我覺得我更應該要確認清楚，結果他竟然嘆了口氣小聲說：『我覺得這樣好煩喔，你可不可以降低一點對於我們相處的期待』。

「他這樣的表現讓我覺得很突然，我追問他什麼意思，他很快就回我：『反正我希望我們之間可以不需要總是膩在一起』。」

個案告訴我，聽到那句話之後，「我發了一整夜的瘋」。

「我太生氣了，我發了很大的脾氣。」

雖然個案的敘述聽起來是個情緒蠻高張的場面，但是其實他的語氣相當平穩，態度也還是很溫和，我希望多理解一點當時這個衝突的實際狀態，於是我說：「聽起來當時有很強的情緒，不曉得你願不願意跟我談一下，你當時是怎麼發脾氣的？」

思考了一下，個案繼續著他冷靜平穩的語氣，開始向我仔細分享當時的狀況與當下的情緒。

「我不停地罵他，我像爆炸了一樣，我腦中不斷浮現這個人有多麼可惡超過，我把我從認識他到現在累積的一切不滿全部倒出來，我說了他很多事情。我罵他……『你不要臉！你都跟我交往一年了，你是不是還一直在想你前任？你這個不知羞恥的傢伙！』；『你有用心在照顧我嗎？你這個低級的廢物，你不要我你就死出去啊。』；『你這個爛東西，我不需要跟你在一起，難怪你前任會劈腿。』……」

除了這些蠻具攻擊性的句子，個案說到這個過程中，其實他也會用很多髒話作為攻擊。我向個案進一步提問：「如果可以的話，你能不能跟我分享，當時自己罵這些話的時候，印象中有什麼肢體動作嗎？」

看到個案大概比劃的姿勢，我完全能想像當時場面是多麼的高張且失控。

「我其實還砸了房間的凳子和吹風機……」個案小聲地說。

「我真的很生氣，而且是我自己完全無法控制、無法停止的。我就那樣持續地發怒到睡前，大概有快四個小時。我現在想一想會覺得我好像太兇、太過度，因為確實事情應該也沒那麼嚴重，但是我當下真的沒有辦法，我腦子裡面真的充滿了恨意。」

個案和當時這個對象交往了一年，他告訴我，這是他第一次對這位交往對象發那麼大的脾氣。

溫和有禮的伴侶卻只對你殘忍？

個案分享的這種在親密關係中完全失控的憤怒情緒，是所謂恨意爆表型虐愛非常典型的樣貌。這種會在某個時刻情緒大崩潰的模式，通常不太可能是只有針對某一個交往對象，於是我向個案確認了一下。

「你剛剛有說到這不是你第一次談戀愛，不曉得在前面的交往關係中，有沒有過這種情緒失控到自己都意外的經驗呢？」

「嗯……之前確實也是有類似的狀況……我前任也有說過我生氣和不生氣的樣子判若兩人，我曾經在和前任吵架的時候，可能因為聲音真的太激烈，鄰居還來關心我們……」

也許前面的敘述會讓我們覺得，發展出恨意爆表型虐愛模式的人，一定是經常掛著生氣的表情，總是具有攻擊性，讓身邊的親戚朋友都害怕他。然而，在這些案例身上，事實上很難從平常的行為或表情，辨識出對方有這種傾向。

這些擁有恨意爆表型虐愛模式的人，其實一般時候，不管是在親密關係或是一般朋友人際互動中，相處的方式都傾向很客氣，甚至是會讓人覺得很親切、很寬容。唯有在和親密伴侶某個起衝突的時間點，他們的憤怒情緒才會出現大規模的宣洩。如同上面提到的這位個案，即使他與我分享的內容是那麼地有情緒張力，但是他表達的儀態與語氣，其實都是在一個相當穩定、平和的狀態。

是什麼樣的原因，讓這麼矛盾的現象出現在我們的親密關係之中？恨意爆表的虐愛模式，可能來自於什麼樣的虐愛病毒程式？

請小心，你的表情決定我會怎麼壓迫你

大概在第四次的談話，個案跟我談起了他和爸爸的關係。「其實我很難去形容我跟我爸怎麼互動，因為我已經很長很長的時間沒有好好跟我爸聊天，講電話我大概就是盡量在半分鐘內完成。」

「印象比較深的，應該是我小學五、六年級吧，我爸那時候蠻喜歡邀請他的朋友到家裡喝酒聊天，我們家也不大，所以即使我躲在房間裡面寫作業，也還是會被他們的聲音干擾。有一次好像是我在準備考試，我爸和他的朋友又在家裡很鬧很吵，我真的覺得非常煩，然後他還進來房間要我出去幫忙裝水讓他們泡茶，我當時因為已經被他們的噪音吵得心情不是很好了，所以我就假裝沒聽見。爸爸可能進來叫了我第三次，我就回他說我不想要幫忙，可能有加上翻白眼的表情。爸爸看見我有點生氣的樣子，就在我房間裡開始大罵我。

『叫你幫忙弄個水你不要一臉不情願，你是在囂張什麼？你那表情搞什麼東

西？這個家要生氣輪得到你啊？』

『幫個忙會死是不是，這點小事我都叫不動你嗎？不幫我做事情還敢生氣，你是爸爸還我是爸爸啊？怎樣？我要你弄水還要拜託你是不是？』……」

個案的敘述，讓人聽得很是心疼。那些語句、那些責罵，即使是被一個成年人接收到，心裡應該都會相當受衝擊，更何況當時個案只是一個十歲左右的孩子，竟然需要從自己的父親那邊接受到這樣的壓力。

在個案跟我分享這個例子後，他很快又回憶起一兩個因為自己表現出不開心，而被父親在小時候狠狠斥責的事件。

「總而言之，和我爸相處，就是一種試煉，你如果不笑臉迎他，他就是會讓你很不舒服，攻擊你很多缺點，數落你到一種很不堪的狀態，讓你整個人很緊繃、很害怕、很恐懼。」說完那些父親帶來的情緒壓迫，個案第一次在我面前掉下眼淚。

如果你敢不爽，我就讓你怕到不行

陪著個案感受那些父親過往對待壓抑的傷心情緒大概十分鐘之後，我們開始整理一下這些成長經驗默默植下的病毒程式。

「在我們前面幾次的會談中，我記得你曾經提過，平常如果身邊的人讓你不開心，你傾向把那些東西忍下來，因為你覺得如果讓別人知道你的不悅，是件危險的事情。你還有印象嗎？」聯想起幾週前個案分享過的感覺，我提出來與他確認一下。

「嗯，是吧，我確實覺得跟別人表達不滿會有不太好的結果，我就是習慣盡量把那些不滿吞進去。讓他人知道我的負面情緒對我來說確實蠻危險的。」了解個案本身也認同自己的確有這樣的想法，我嘗試提供個案一個連結的可能性：「當我剛剛聽到父親對待你的方式，我好像可以完全理解，對他人表達不開心可以是一個多麼讓人崩潰的事情了。」

「在我們成長過程中，父親對於我們生氣相關的表情反應似乎相當激烈。當我們有一點生氣、不悅的表情出現，父親好像會給予我們極度可怕的後果，包含了極度爆裂的憤怒情緒，以及重傷我們安全感的言語。我覺得，這樣的經驗太可怕了，會讓我們覺得如果自己生了氣，就會必須承受世界會崩壞的可能。不曉得我這樣的說法，你聽了有什麼感覺？」

個案若有所思，幾秒之後微微點了點頭。

「唉，我真的不想要承受那種言語，尤其是配上爸爸的那個眼神跟表情，真的很害怕，我覺得很危險。」個案邊嘆氣邊說。

「是啊，為了避免這樣的危險，我們似乎決定成為一個不生氣的人，至少，我們要求自己不要被別人發現我們的生氣。」我說。

就像幾個年皮克斯相當受歡迎的《腦筋急轉彎》那部談論情緒的電影一樣，我們每個人都會有「樂樂」（快樂）、「憂憂」（傷心）、「怒怒」（生氣）、「厭厭」（厭惡）和「驚驚」（害怕）等等的原始情緒，每個情緒都各自對於我們的生存有重要的意義與價值。在這位個案的成長經驗中，我們可以看見因為父親對於個案的「怒怒」或「厭厭」等負面情緒其實有著相當高度的壓迫，一但感受到自己的孩子有不滿與憤怒，就會有嚴重的回應，希望能夠遏止個案展現生氣情緒。這樣的模式如果持續，而孩子本身又剛好無法找到其他可以安全生氣的對象，就會讓孩子對於生氣情緒產生一些故障的價值觀，像是「只要我展現出我的生氣情緒，我就必須面對毀滅性的後果」，強迫自己逃避所有的怒怒情緒。

這樣的故障價值觀，在我們長大開始談戀愛之後，就很可能會形成相關的親密關係病毒程式，包含「如果伴侶與我對彼此出現憤怒與不滿，那就表示這段親密關係將會毀滅」、「生氣與不滿對愛情是不健康的，我一定要好好包容對方所有的事情」。

一旦我們經歷了心理壓迫感失控，建立了這樣的親密關係病毒程式，恨意爆表的虐愛模式幾乎已經注定發生。在那些強迫自己要吞下所有不滿的親密關係程式中，是幾乎不可能維繫穩定且親密的愛。

如果希望能夠讓我們曾經的心理壓迫感失控狀態有所鬆綁，有一些關心的聲音，或許能夠協助我們感覺被理解，慢慢去軟化那爆裂的恨意虐愛。

心理壓迫感失控者的內在心聲

對於經營著恨意爆表型虐愛的我們來說，那些沒有情緒的過去，很壓抑吧？

在我們還是個孩子的時候，我們也許不曾被餓到肚子，也不太有嚴重的物質缺乏，但是，仔細想想，身邊的人好像從來沒有關心過我們內心有什麼感受。

我們的原生家庭，好像早已為我們內建了一套成長腳本，該做的事情有做就好，不該做的事情沒做就好。他們只在乎我們有沒有照著他們的期待，表現出該表現的行為。沒有人過問我們的感覺，沒有人在乎我們的意願，沒有人重視我們的喜好。

時間一久，我們，其實相信這就是自然，沒什麼好說的。那些抽象的感受，算了吧；那些解決不了問題的多餘情緒，算了吧。他們是那樣活的，那麼，可能我也就這樣活著就好。

活著，不是就好了嗎？

嘿，可是你還感受得到嗎？我們的情緒其實有好多。也許在成長的時候，我們的原生家庭忽略了我們的感覺，可是，這並不代表我們沒有感覺。

我們會憂傷，我們會憤怒，我們會焦慮，我們會失望。我們的成長環境，很不幸地，漏了一塊情緒的鏡片，對於我們的感受視而不見。那些視而不見，把我們所有的負面情緒結晶成一抹厚重的遺憾，烙印在心底很深的地方。

直到現在，終於有個聲音在呼喚我們的情緒。

我們有情緒。我們可以有情緒。我們應該要有情緒。

在好久的以前，我們的情緒被扣上了好多頂帽子。

「發什麼脾氣？怎麼有那麼不乖的小孩？」
「哭什麼哭？給我閉嘴。」
「好孩子不該那麼驕傲！」

我們很想當被喜歡的乖小孩，我們希望是能被稱讚的好小孩。於是，我們成為一個沒有什麼情緒的小孩。

我們早已經遺忘，我們的情緒，是必須被看見的，是必須被表達的。我們內心有很多聲音，在我們成長過程中，我們只學到怎麼要自己的心聲閉嘴，忽略了這些心聲可以被聽見、可以被揭露。

也因為我們太過缺乏表達心聲的機會，我們其實對於告訴別人自己的感覺也是充滿懷疑的。在我們嘗試感覺自己的感覺時，我們已經先得到一堆否定：

「我不能被別人知道我的脆弱。」

「我的負面情緒一定會帶來他們困擾。」

然而，腦子會浮出這些判斷的我們，其實，是多麼令人不捨？

當一個人完全相信沒有另一個人可以貼近自己的心，我們還能怎麼期待自己平靜而穩定？

那些因為害怕而藏起來的感受，身為一個成人，我們已經不再需要去隱藏。我們有足夠的權力去認識自己、感受自己，也滿足自己。

而且，當我們身邊出現了值得信任的人，請不要拒絕這個美麗的答案。我們的情緒，是可以與適當的人一起分享的。

那些我們過往避得遠遠的情緒，不僅可以被接納，還可能可以被別人理解。

也許，很可惜的，我們的父母沒有成為接納我們情緒的那個人。但是，我們可以嘗試自己去找到那些願意的人。

錯的，不會是我們的情緒。

錯的，是心中那些一次一次把情緒硬是綁住的繩結。

在我們終於能夠稍微放下對於憤怒等負面情緒的排斥之後，我們才會有機會能進一步踏上那段遠離恨意爆表型虐愛的修行。

為了更親密，更需要好好生氣

以前在學習心理治療的時候，「大禹治水」是督導經常針對情緒管理給的一種比喻，如同防治洪水應該善用疏通分流的方式，情緒管理也絕對不能傻傻地一直想要築牆防堵。

我自己後來經常與個案分享的，是氣球充氣的概念，我們每個人心中都有一個憤怒的氣球，在生活中遇到大大小小讓自己不滿的事情，就會逐漸灌氣膨脹，所以也必須適度地找機會宣洩，避免讓氣球過度膨脹。假若我們的憤怒氣球彈性撐到極致的最大容量是五公升，我們卻不懂得把壓抑的怒氣控制在五公升以下，當那個五五．〇一公升一旦出現，即使只是差距〇．〇一公升，依然會成為壓死駱駝的最後一根稻草，我們會原地立刻爆裂，所有壓縮的氣體會瞬間炸射。

用這個憤怒氣球炸裂的概念，不難理解為什麼恨意爆表型虐愛會出現以及重複。我們其實很努力地在為心愛的人成為一個沒有脾氣的人，當我們平常被對方的那些壞習慣影響，當我們平常感受到與對方某個討厭的價值觀碰撞，我們傾向於接受與接納。

然而，我們沒有認真意識到，我們以為的接受與接納，其實只是壓抑與逃避，我們只是讓對方覺得我們無所謂，但是我們心中其實有所感。這樣的不滿不停累積，一直到某一天，在一個我們自己都無法預期的某個時刻，我們真的受不了，我們真的忍不住，我們終於把心理累積好久的怒氣，一口氣全部都還給你。

這樣的宣洩模式，在爆發當下，情緒張力真的是大到不行，往往已經達到一種「恐怖情人」的威脅感，不管是自己或是親密關係的另一半，事後回想起來，其實內心都會蠻不舒服。然而，等到那高張的情緒過去，這種恨意爆表型虐愛，很可能會因為衝突過後的「罪惡感」，得到再一次循環的機會。

在衝突過後，原本對於生氣與憤怒嚴重抗拒的自己，心中可能出現一些內疚的念頭。也許我們會以為，這些內疚與罪惡感，應該會讓原本的恨意爆表型虐愛得以鬆動，出現改變的契機；然而，實際上這些罪惡感很可能是下一次爆裂的原因，因為罪惡感會讓我們覺得，我應該要更忍耐對方、更接納對方才對。

換句話說，罪惡感會讓原本存在憤怒氣球中的氣體，持續只進不出的模式且更為堅固，讓我們平常想要對親密關係對象表達不滿更困難。腦中具體的想法，可能像是：

「我竟然那樣子攻擊對方，我真的很不應該。我接下來一定要多對他好、多包容他才能補償。」

「我怎麼如此不受控制，我好糟糕。我為什麼沒忍住？我要再努力一點，更忍耐才行。」

如果希望這種恨意爆表虐愛式親密關係能夠得到緩和，我們可能需要有幾個層面的嘗試，讓自己在親密關係中能真的學會「好好生氣」：

注意！你的憤怒氣球正在「一邊出一邊進」

憤怒氣球爆裂雖然很可怕，但事實上它來的一點都不突然，而是經過幾週或是幾個月的累積。在這個累積的時期中，任意什麼時間點，只要我們願意讓自己的憤怒氣球有適當的漏氣操作，讓壓抑的怒氣得到釋放，其實就能非常有效的避免掉滿到炸裂的後果。

然而，當我在跟這種類型的個案實際討論這樣的操作時，有個常見的問題是，部分個案會認為，其實他平常生活中已經一直向親密關係的對象表達情緒了，但是還是沒有釋放的感覺，也避免不了一段時間會嚴重炸裂的後果。

「我很常表達我的怒氣，其實，我都會跟他講我那邊不滿意，我平常也是一直會唸對方很多地方。」

這種時候，我們該冷靜思考的，是這裡所謂的「一直在表達我的不滿」，到底真的是一個單純的「漏氣操作」，還是其實不小心陷入一個「一邊出一邊進」的困境，讓自己可能沒有消氣，還換取了繼續脹大的危機。

因此，通常在這種類型的討論，我會與個案進一步澄清一下，一般而言可能會有類似底下的對話：

「如果你覺得你已經常常在生氣，那麼我有點好奇，對方通常會怎麼反應？」

「他就安安靜靜啊，我唸他什麼他都不回，不在乎，我就唱我的獨角戲。」

「那麼對方那種不在乎的樣子，會帶給你什麼感覺呢？」

「就會覺得更生氣！」

從這樣的對話，我們可以清楚地理解，為什麼所謂的「我一直在表達我的生氣」其實根本不是一個漏氣的操作，反而讓自己因為對方不在乎的表情與模樣，灌進更多的氣體。

為了降低這種一邊出一邊進的困境，我們需要多想想自己可以如何保護自己，為憤怒氣球爆破前後做一些好的安排。

建立憤怒氣球爆破前後的自我保護ＳＯＰ

所謂的向他人表達生氣，從情緒的本質上來看，就是我們要求某個人做一些，我們認為他應該做的事情，或者是避免某一些我們覺得他不應該做的事情。換句話說，如果我們希望要求的那個對象，目前無法好好處理我們的情緒，我們的要求其實很難被滿足，我們的情緒也就無法被釋放，反而讓自己更加痛苦。

因此，對於面對恨意爆表型虐愛相關困擾的我們，其實都應該建立一套自我保護ＳＯＰ，讓我們自己對於自己憤怒氣球爆破前後有良好的管理，而不讓親密關係對象有時候的無心或無力破壞我們情緒的平衡。

綜合許多與個案討論，一般而言，對於憤怒氣球爆破前，也就是一般累積過程的漏氣操作，我們可能可以為自己做的有效選擇大致包括兩大類型：

一、嘗試分心

所謂的分心，是讓自己能暫時抽離憤怒情緒，避免自己因為一直想著生氣的事情而「愈想愈氣」，讓自己更受苦，一般常見的選項包括運動、瑜伽、冥想、聽音樂、玩遊戲等。就算是沒有任何上述的這些具體行動方便進行，其實在感受到情緒的時候，光是嘗試閉上眼睛從一數到十，或是刻意做二十秒的深呼吸，都會有很具體的憤怒情緒效果。

二、嘗試分享

為了幫忙我們的憤怒氣球消氣，我們可以讓自己試著去把生氣的事情適當表達出來，對象可以是信任、熟悉的朋友，也可以尋求專業的心理師服務，或者是寫一本屬於自己的「生氣日記」，讓自己的憤怒可以得到宣洩，達到憤怒氣球漏氣的目的。

至於憤怒氣球爆破後的處置，也就是關於「最後一根稻草」出現後，我們該如何面對「理智線斷裂」那一刻，說實在的，這真的相當不容易，幾乎沒有誰能因為思考過這個問題，就能真的避免崩潰。如果我們期待憤怒氣球爆破後，心情還要很平穩，好像就是在期待一個急性腸胃炎發作的病人要感覺不到痛一樣，是根本不可能的事。

如果真的有可能，我們在這種情緒高張的時刻，依然能夠去嘗試進行前面所有的分心或者分享的手段。但如果確實有困難，有一個非常重要的原則，就是「離開衝突現場與衝突對象」。

當我們在某一天某一刻，對於親密關係對象達到恨意爆表的那一瞬間，我們內心當下絕對是希望能立刻把對方抓到面前，好讓我們把內在壓抑的一切苦痛與憤怒，一口氣砸在對方身上與心上。

然而，這樣的處理不僅對於衝突的消解沒有幫助，也確實有一些客觀的危險性。不管是以前在醫院受訓期間，或者是日後接觸個案的談話中，真的都不難聽見那些因為恨意爆表型虐愛而引發的憾事，像是吵架吵到情緒崩潰而吞藥，或是真的憤怒到利用手邊武器傷害彼此，導致身體嚴重受傷的例子。

因此，如果在憤怒氣球爆裂的那一刻，我們實在無法要求自己藉由音樂或運動等分心手段，達到情緒冷靜的目的，至少我們該認真地去計劃，當自己情緒炸開，如何離開衝突現場與衝突對象，具體來說，可能像是先用電話的方式吵架，避免面對面的衝突，或者是暫時先自己進入房間去大叫、摔枕頭，避免自己接觸一些比較危險的物品。

讓罪惡感走對方向

前面提到，在恨意爆表型虐愛中，當爆裂的情緒緩和以後，內心產生的「罪惡感」對於這種模式未來會不會持續，有非常重要的影響。仔細地來談，這其中重要的關鍵是，當我們感覺到罪惡感之後，我們嘗試補償的對象是我們的伴侶，或者是，我們自己。

舉例來說，如果我們腦中出現的是「我竟然那樣子攻擊對方，我真的很不應該。我接下來一定要多對他好、多包容他才能補償。」就表示我們企圖去補償對方，卻忽略真正該被好好對待的，是那個過去受傷的自己。「我要對他更好、更包容他」只是帶來一段寧靜，卻避免不了下一次的暴風雨，因為我們還是會傻傻地繼續累積自己的不舒服，不自覺累積自己下次恨意爆表的能量。

真正該做的，是讓罪惡感走對方向，讓現在的自己，好好地去補償過去受傷的自己，經常關心自己，是不是又無意間忍耐了太多，是不是又忘記自己是有脾氣的了？

這樣愛，不失控

錯的不會是我們的情緒，而是心中那些一次一次把情緒硬是綁住的繩結。讓罪惡感走對方向，讓現在的自己，好好地去補償過去受傷的自己。

CHAPTER

4

嘿，不夠投入我們的愛，你是有罪的

零信任感型虐愛

徹夜難眠，是誰變了
我流淚憤怒和尖銳，是因為忐忑
你不能理所當然了你的資格
我需要更多安全感才能平衡

——徐世珍〈幸福了，然後呢〉

我們心裡愛著的那個人，是一個值得我們信任的人嗎？

好難、好難。在這個世界上，要找到一個可以全心信任的人，真的好難。如果希望我們愛上的他，剛好還是一個我們信任的他，好像，更難。

當我們走進愛情，為了讓彼此能互相信任，我們會開始重新打造彼此的世界。原本屬於兩個人各自風格的生活，必須逐漸合而為一。那些存在於他腦子中的想法，我們好想全部聽見；那些我們心中的情感脈動，我們也希望他應該要能適時跟上。

當我們看得見對方、摸得到對方，我們可以安心地和彼此親密。隨時觀察他的表情、隨時應對他的舉動，我們感覺這段愛情在掌握之中。

然而，這個世界裡，好多外力在威脅我們的兩人完美無縫世界。當伴侶不在我們身邊，我們要怎麼確認伴侶的心裡領地是我們的？當伴侶和別人相處，我們又要怎麼知道，未來那個人不會成為兩人世界中的小三或小王？

為了讓彼此的信任持續升級，我們很努力控制這些變數。如果不在彼此身邊是個令人擔心的問題，那麼我們就如膠似漆，做什麼都在一起吧！如果和別人相處是一個可能的危機，那麼請別再與人來往，讓相處成為你我彼此的專屬動詞！

或許，我不確定我們有多親密，但是，請至少讓我相信我們沒有縫隙。

然而，沒有縫隙，真的就是貼近嗎？

在我們努力打造這高品質的信任感之後，他說，他感到窒息。

窒息的他，開始讓我們失望；窒息的他，似乎完全觸不到我們心裡對於安全感的渴求：

「我在他的身上，真的得不到安全感。我好需要他能夠給我足夠的信任，我好需要知道我們會是穩定的，我好需要確定他不會拋棄我。可是，他卻不願意配合。當我只是想確認他手機的對話內容，卻被認為我侵犯他的自由；當我只是想知道他人在哪裡、和誰互動，卻被塑造成煩人的監控；當我只是想要他再對我說出承諾，卻被視為無理的要求而拒絕。這樣的他，天天在加劇我內心的不安全感。我真的好累，這段關係只剩下我一個人死命地維護，他卻毫不在乎……無法將這段親密關係完全掌握的我，是否最後終將被背叛？」

看不見我們心底安全感缺口的那個他，心中所演繹的卻是另外一個劇本……

「不管我怎麼證明，他總是對我充滿猜疑，無法對我建立起信任感。為了和他在一起，我彷彿不可以是我自己，只能夠成為那個安撫他的人。當我想要做我自己，我變成不投入關係的麻煩製造者；當我希望照顧除了愛情以外的關係，我變成破壞愛情的罪人。在他的口中，我是那個不在乎他感受的人，然而，當我冷靜下來，我這些失去自己的受控感受，試問他是否曾經嘗試在乎過？」

於是，這段親密關係的信任感，長相逐漸扭曲了。曾經那種全世界可以只有對方的激情承諾，變成了信任感審判的條文來源。

這種存在於親密關係中的信任感零交集，便是零信任虐愛的樣板。

無法被我信任的你，是有罪的

「唉……我想談的是親密關係的問題，我其實想約的是伴侶諮商，因為說實在的，問題真的不在我身上，可是我的伴侶就是不願意配合，也一直不承認他有問題，這樣一直下去我太痛苦了。」在尋求心理專業協助的個案中，有一定比例的人，會像這位個案一樣，經常帶著「別人的錯」來開啟這樣的旅程。

「我不知道為什麼他就是無法好好投入在我們的愛情裡面，太多太多跡象都顯示他一直在背叛我，可是只要我真的跟他挑明談這個議題，他就是一副漠不關心的態度，根本不給我任何正面的回應。」個案的表情和語氣都呈現著濃濃的無奈與怨氣。

我嘗試著多了解個案的親密關係中面對了哪一些具體事件：「你剛剛幾句描述，我好像感覺到伴侶真的給了我們強烈的不舒服。能不能多讓我知道實際上發生了哪一些事件，是和我們這些難受的感覺相關的？」

在接下來的十五分鐘，個案跟我分享了幾個讓他確定了自己被背叛的事件。

「有一次，我們一起去買衣服，店員在幫他試穿外套的時候，我稍微有一點覺得他的態度好像怪怪的，後來結帳的時候，我故意讓他自己去結帳，我假裝先走遠，但是我就隔著玻璃偷偷觀察，他們果然有說有笑，而且那個店員還拿手機出來，應該是在加他的 Line 或臉書。後來那一陣子，我就明顯感覺到他和我互動都很有隔閡的感覺，約會的時候也經常心不在焉，一直在看手機，應該就是在跟對方連絡。

「我們在一起之後不久他的工作就變成是接案的模式，時間安排很多彈性，有時候他會安排一些會議在晚上。一開始我沒有特別去想沒感覺，但是後來有時候我想事前詢問他會議的時間和地點，他好像都不太願意仔細說明。所以我之後就要求他，如果需要出門見客戶，至少抵達之後、會議開始之前，可以先跟我視訊三分鐘，讓我知道他在哪裡、有哪些人。結果，有一次我剛好核對一下他的行事曆，才發現他一週可能其實安排了四到五個會議，可是我只接到兩、三通視訊通話，很明顯他其實每週都隱瞞了兩、三個行程，而且是不能跟我聯絡的行程。我如果質問他，他就假裝一副沒事地說只是剛好忘記打給我。

「還有，分享這個可能會有一點不好啟齒，可是很明顯的，我們發生關係的頻率也已經和去年差很多。」

雖然並沒有特別提到是否另一半的確有出軌的事件，不過個案在分享這些事情時候的情緒，讓我相信第一次的會談，應該先好好陪著他去抒發這些感受，未必需要急著釐清客觀上到底發生什麼。在五十分鐘的時間裡，個案和我一起感受了自己那些被背叛後的憤怒與憎恨，也強烈地控訴另一半不應該讓自己有那麼多的不安全感。

缺乏安全感到底是哪裡出了錯？

後續的兩次對話，個案與我分享了一些困惑：

「其實我內心的感覺真的很衝突。每當我想到他可能背叛我的時候，我感覺是那麼強烈，但是當我和他提出這些感覺，他的反應就好像他什麼都沒做一樣，一副很正常的樣子，那種態度真的很不可思議，搞得好像是我想太多，所以我也就可能暫時不去追究。

「我身邊朋友的反應也是很兩極化。有的聽到我跟他們說我被背叛了，他們就會說我應該立刻結束這段關係；但是有的朋友也表達可能是我太鑽牛角尖，說不定是我把沒有的事情講成是有的，也許對方其實沒有做什麼背叛我的事情，所以我聽聽就又會選擇繼續包容。

「有時候我自己也想得真的很亂，我很矛盾、很困惑，我真的也沒辦法搞清楚事情到底是怎麼樣。」

為了稍微能陪個案走出這個動彈不得的卡點，我嘗試邀請他試著去做一些想像。「我接下來的要求可能會讓你覺得不太舒服，但是如果你願意的話，能不能想像一下，假設你真的看見他手機裡和另外一個人有親密對話，並且在質問他之後，他也親口跟你承認他確實已經對你不忠，請問你覺得你在那個狀態下，會怎麼看待這件事情？」

個案說：「如果是那樣，我當然會很崩潰、憤怒、絕望，覺得接受不了。」

我追問：「這些接受不了的強烈感受，好像代表著我們內在有一些相信的東西是完全崩裂的，能感覺到那是什麼嗎？」

個案回：「可能就是一種對人徹底失望的不信任感吧，會覺得很悲痛，就是我那麼努力嘗試去相信你，可是你卻完全不值得我的信任。」

順著個案的表達，我詢問：「在這個想像中，我聽到『信任感與不信任感』好像是容易撼動我們內在狀態的一個主題。不曉得在我們比較小的時候，有沒有什麼樣的童年經驗，是和信任他人之後卻嚴重失望這樣的感受有關的呢？」

在這個提問之下，我們後續的幾次對話中，探索到了個案在成長過程中面對到的信任議題。

我對我爸的信任感，大概十歲左右就蕩然無存了

「我爸年輕的時候曾經有當過小老闆，有錢了一段時間，而且我的外公留了不少財產給我媽，所以我小時候家裡家境都還不錯。但是我爸可能天性就是那種好高騖遠又好吃懶做型，可能在我要上小學的時期，我爸爸開始迷上投資，或者根本是在賭博，家裡面氣氛就跟以前很不一樣。我爸媽經常為了錢吵架，吵完我爸就會不見一陣子，留下我媽照顧三個小孩。

「我從很小的時候就已經不喜歡我爸，可能我脾氣比較差，小時候經常會臭臉，如果臭臉被我爸看到，他就會兇我，罵我害他很衰，我如果說什麼話讓他不開心，偶而可能還會被打。

「他開始迷上投資之後，在家裡常常會演一些讓人看不下去的獨角戲，在那邊自言自語什麼『這一波真的要徹底翻身了』、『你們看著，這次中了我人生就大成功了』，我可能聽第一、第二次還會覺得他好像要做什麼很厲害的事情，可是等我聽到第五次、第十次，我真的是聽到就想吐。

「即使我當時只是個小孩，我也看得出來我爸就是社會上所謂敗家子那種爛人。我對我爸的信任感，大概十歲左右，就已經蕩然無存了吧。」

「感覺爸爸真的呈現了讓我們難以信任的狀態。在那些時候，媽媽是個可以讓我們信任的角色嗎？」我問。

「從爸爸開始會和媽媽因為衝突而不定時離家之後，我媽也經常是非常憂鬱的狀態，慢慢地連煮飯就也不太煮了，雖然姑姑有空偶而會送便當過來給我們吃，但很多時候家裡就是不一定有三餐可以吃。

「爸爸不在家的時候，媽媽就會一直陷在那些情緒裡，整天就是在跟我們這三個小孩投訴自己的老公，一直哭著罵：『我對你爸爸那麼好，到底有什麼用？』、『我真心為他付出那麼多年，現在換到什麼？我什麼都沒有！』、『你們知道你爸爸以前都說他會對我多好，現在呢？我怎麼那麼可憐！』

「他們衝突嚴重的時候，我媽也會進入一哭二鬧三上吊的狀態，做一大堆很可怕的事情，邊哭邊收行李箱不知道要跑去哪裡，拿著菜刀去破壞爸爸的抽屜，要找他的存摺，或是在電話裡威脅爸爸要他回家替他收屍。

「我媽開始發瘋的時候，就像中邪一樣，多難聽的話都敢說，多危險的事都可以做。」

我嘗試陪著個案去感受那股失落：「聽起來小時候家裡的那些問題，不只讓你覺得失去爸爸，好像也失去了可以照顧我們的那個正常的媽媽了？」

聽到這個有關媽媽的回應，個案的情緒從原本的不滿，漸漸轉變為哀傷。

「也許……我其實很想要和別的同學一樣，家裡面有準備好的三餐……那段時間每天回家之前，內心還會傻傻地做白日夢，想著是不是等等到家媽媽就會像以前一樣，煮好飯菜等著我們，想著晚上在餐桌上可以很輕鬆地和媽媽分享，今天學校發生的事……

「如果進門前不做這樣的白日夢，我們的心好像痛到無力推開家裡的門了……看到媽媽崩潰想死的那些樣子，我覺得我好像也快死了……」

個案在原生家庭的成長經驗，也許在這悲苦的社會中，還算不上最慘痛的狀態。但是聽著這些心痛，看著那些淚水，無論是誰，應該都能明顯觸摸到個案那種心底已經失溫的絕望。

一旦遇上困難，我們的關係終將結束

在後續幾次的會談中，個案繼續表達了很多對於父母的不滿。當我仔細去聽那些不滿對個案本身到底有什麼意義，我感受到一股深深「被背叛」的痛苦。

「我覺得，我的爸媽真的非常可悲。一個沉迷在得不到的金錢，一個沉迷在得不到的男人。然後他們以前該做的事就什麼都不用管、不用顧。

「我覺得我的爸媽在我小學的時候，就已經輸掉他們自己的人生，永遠只能帶著負能量生活，丟下一切原本該有的責任和義務。

「即使我已經三十幾歲，他們一直到現在依然就是那樣，整天都在怨天尤人，覺得別人對不起他們，整天沉浸在自己那個莫名其妙的世界，都沒想過自己的角色是什麼，完全不在乎身邊的人會怎樣。」

聽到了這些段落，我嘗試先澄清一下個案提到的用語：「當我剛剛聽你說話的時候，我聽到你幾次提到爸媽完全不做他們原本該做的事情。能不能請你回想一下，當你還是二十多年前那個小朋友時，心裡面期待『他們該做的事情』有哪些嗎？」

個案短暫思考一下之後說：「感覺其實我期待他們做什麼，都是很幼稚的吧。我想我小時候確實曾經相信過我爸爸的鬼話。當他很興奮說這一次投資行情多好多好，等他賺大錢他會帶著我們出國玩，我可能也覺得很興奮，可是後來好像什麼都沒有，連人都不一定看得到，完全不知道他口中說的要帶我們出國到底是什麼意思？我媽媽小時候都會哄我說我是他的寶貝，說我很可愛很喜歡我，說他對我最好。可是當他陷入他的情緒之後，我發現我其實好像什麼都不是。」

聽見個案的感受，我嘗試陪他整理一下內在的需求：「雖然會覺得自己很傻，可是我們心底真的曾經好期待爸媽記得他們說過什麼，好需要爸媽實現他們會照顧我們的承諾。」

「是，但是都沒有呀，說完就沒了，一旦他們碰到問題，我根本一點都不重要吧？」個案說。

如果說，我們在原生家庭中的經驗，能夠為我們的未來人生打造某一些想像，我想，類似這樣個案的父母，是用很深刻的方式在告訴個案，未來在你的人生中，你將不會遇到值得你信任的對象。

類似這位個案的成長經驗，容易讓我們出現一種與父母非常疏離的心理狀態。在我們還是個孩子的時候，如果內心感受不到父母是愛我們的，習慣了「不被愛」的感受，經驗不到關係中的一些安全感，那麼，等到我們長大成人，就算真的碰到一個愛自己的人，我們很可能也根本無法去接受與相信對方的愛。

我不是不信任你，我只是不信任關係

類似這樣的故障關係價值觀，成為了零信任虐愛模式的基礎，演化出與信任感相關的一些親密關係病毒程式，讓我們總是處在背叛焦慮之中。舉例來說，我們會本能地認為「如果我不能完全掌控我的另一半，那麼他一定會背叛我」、「我絕對不允許親密關係中出現任何瑕疵，因為這些瑕疵將會成為對方離開我的理由」、或是「我必須好好監控與支配我的親密關係，不然最後我一定會先被拋下」。

當我們在成長過程中打造了這些親密關係病毒程式，我們一旦開始親密關係，便無法克制自己總是利用監控型的行為與伴侶互動，不斷需要打電話查勤、檢查對方行程、仔細關注伴侶的行為變化、拒絕伴侶有個人的活動。當這些行為超過了適合的限度，彼此將陷入零信任虐愛的痛苦，一方會永遠覺得無法真心信任，而另一方則永遠覺得被惡意懷疑。

當我們對於關係的本質有所質疑，有的時候，不管我們的伴侶是否值得信任，我們都會不斷地需要去反覆測試他們，運用各種腦子中想得到的方式嘗試去檢驗「你和我的父母不一樣」。

然而，我們雖然都活在同一個客觀現實的世界，但卻無法總是經驗著相同的主觀真實。當我們不斷去創造關卡與測試，希望能確認伴侶是否值得信任，我們有時候很可能會因為自己的早年經驗，給自己創造一個永遠無解的難題：「如果我們從未體驗過何謂關係中的安全感，我們又將用什麼標準，去成為一個安全感的出題者？」

心理不安感失控者的內在心聲

對於經營著零信任虐愛的我們來說，那些難以放鬆的過去，真的讓我們好累、好疲倦了。

曾經，我們以為我們會得到好的照顧。曾經，我們的家庭或許也承諾我們會讓我們穩定的長大。然而，我們在成長過程中，卻經歷著很多的不安。

我們真的好想要被穩定地支撐著。我們很需要平靜，我們很需要安穩，但是，我們的環境，似乎讓我們在成長的海洋中，失去了定錨點。

我們在很多不確定性下長大，所以，焦慮的情緒似乎變成是我們的日常。我們曾經希望能夠理所當然地被好好照顧，但是我們走過的路讓我們明白，這樣的期待將不會得到回應。

「為什麼他們不願意？為什麼他們做不到？為什麼他們就是不能夠？」

回顧過去的心路歷程，這些問號經常是我們的心聲。我們好不安於他人的心思，我們很難不焦慮於他人的行為。我們不得不總是把自己現在的心思，花費在檢查那個可能不會美好的未來。

這些擔憂，不只是擔憂，而且還經常伴隨著憤怒。表面上，我們的心裡呈現出了焦慮、無助、不安、緊張的色彩；稍微多去感受自己之後，我們其實似乎也能觸摸到我們心中憤怒於他人讓我們失望的刺。

然而，在深一層地去感受，我們似乎還沒有機會真正地去關心，在擔心了那麼長的時間後，那些失望的刺，其實會我們心裡刻下很多的傷痕。

那些傷痕如果會開口說話的話，彷彿在低語著：

「我是不值得被好好照顧的人。」

「不會有人願意真心地愛我、關心我。」

很痛的。這樣的傷痕，雖然未必是正確的，卻不停地讓我們的內心在滲血。

可是，我們也還沒有時間去照顧自己的傷口，對吧？當我們還難以對未來放心，當我們現在還沒有找到一個真的能給自己安全感的他，我們又有什麼力氣可以去照顧自己過去的受傷？

於是，那些內心滲出的血，早已經悄悄凝血完畢，讓我們忽略了痛，也忘記了傷。我們啟動了全神貫注的「安全感免疫系統」，讓自己進入無止境的監控狀態，確認自己很小心地在避免自己接受二次傷害。

那些痛，不痛了，可是，我們好像被下了詛咒，永遠要很累了。

我們的不安、擔憂、緊張、焦慮、懷疑、甚至是害怕，都成了沒有終點線的奔走，對吧？

為了讓我們能夠稍微從這些安全感的枷鎖中鬆綁，還是有一些方向，值得我們嘗試去了解與探索。

背叛，不會只留下憤恨與遺憾

當我們覺得被背叛，短期內我們會有很多的憤怒、憎恨感受，並且慢慢轉變成長期的失望、遺憾感受。如果背叛感的經驗發生在我們生命比較早期的時候，除了情緒感受的影響之外，更可能會對於我們的自我概念產生不良的影響。

在一般的理解下，「背叛」是來自於別人的一件事情，所以討論的重點常常是「他怎麼可以這樣對我？」、「他到底有什麼問題？」、「那個人真的太過份！」。然而，我們卻非常容易忽略這個所謂「別人的過錯」，其實會對於一個人的「自我狀態」產生影響。

簡單來說，雖然是別人背叛我們，但是我們可能會不自覺地開始懷疑「我是什麼樣的人？」。雖然說並不是非常地明智，但是當我們正在建立自我狀態的時候，他人的背叛，可能會讓我們不自覺地自我批判，認定「是我不好所以他不會好好對我」、「我不夠優秀，所以他才會不願意真的在乎我」。

因此，許多在童年經驗了背叛感的人，自我狀態經常會出現的困難可能是無法克制自己去相信：「我是個沒有價值的人」、「我是個不值得被愛的人」，或者「不會有人真的照顧我」。在這樣子的理解之下，零信任虐愛模式中出現的那些監控行為，似乎變得合理許多。在那些充滿不信任的查勤行為背後，我們的內在，彷彿有著這些自卑的聲音：

「我根本就沒有什麼值得他愛的地方，連我都覺得我自己討厭，只要有另一個人對我的伴侶表示好感，我的伴侶一定選別人，不可能會選擇我。在這樣的狀況下，我能不全心全意地防禦嗎？」

「換做我是他，我也不會想要留在這樣的我的身邊。任何和我在一起的人，都無時無刻想抓緊機會逃離吧。」

因此，背叛不會只留下憤恨與遺憾，還可能會讓我們討厭自己，產生自卑的痛苦。這樣的自卑，化作了對他人的不信任，但或許說穿了，是我們根本不信任自己會值得他人的愛。在這樣的苦痛中，身邊的人是否值得信任成為了假議題，我們的自卑感，讓我們似乎註定屏蔽關係中的信任感。

在這樣的分析裡，如果進一步希望能找到一點點鬆綁零信任虐愛模式的可能，覺察並正視我們的自卑便成為一個關鍵。在某些沒有客觀背叛事件，卻難以建立信任感的親密關係中，這種自卑感很可能就是潛藏其中的原因。

深入一點來說，在零信任虐戀關係裡，希望可以得到安全感的一方，看不見那些不安全感的來源，其實是自我的自卑，所以不斷在對方身上找確認、找保證，忘了自信的建立才是需要的解方；而希望可以被信任的一方，看不見對方在張牙舞爪的監控手段背後，有著需要被安慰的自卑與脆弱，所以只專注在澄清各種理性證據，努力去洗刷自己的清白，卻忽略了建立對方在關係中的自信，才會真的能讓這段關係的信任感產生。

這樣的歷程，也在和個案的對話中能找到跡象。記得在我們合作了兩個月左右，有一次個案告訴我他那一週對自己非常疑惑，因為莫名其妙突然完全對於另一半的行蹤毫無興趣，即使不知道對方在和誰互動，也一點都不覺得焦慮，變得很能夠專注在自己在做的工作上，也一個星期沒有和另一半吵架。

難得聽見個案的零信任關係病毒程式出現破口，我邀請個案好好抓緊這個機會，讓我陪他好好探索上週到底出現什麼事件，能夠讓自己的情緒有這樣的明顯變化。

經過半小時的探索，我們才發現，似乎和個案前個週末的工作活動有關。因為公司舉辦了個重要的論壇，個案需要負責主持的工作，個案花了很多心思準備，結束後獲得同事和上司很多稱讚，不僅肯定他用心設計的主持內容，還稱讚他當天的外表造型非常好看得體，讓個案也難得體驗到很滿意自己的感覺。

雖然這樣的事件帶來的自信提升可能只有維持個三、五天，但卻讓個案與我共同覺察，原來自己是否滿意自己的自我狀態，能夠對於自己在親密關係中的安全感，產生那麼明顯的影響。

「當我覺得我自己確實有些很棒的地方，也就不會認為我的伴侶會千方百計離開我了。」

重塑父母相互指責的信任分裂

零信任虐愛的產生，有時候未必是一種我們對愛情關係的錯誤理解，反而是呈現了對於人的根本理解上出現困難的狀態。在一些嚴重無法信任伴侶的個案身上，有時候我們會觀察到，那種不信任感並非針對伴侶，而是針對身邊所有的人。這些個案有時候的表達會是：

「我覺得這世界上其實根本沒有值得信任的人。」

「我完全無法對別人產生信心。」

「我不知道該相信什麼，我不知道該相信誰，我覺得一切都不是很可靠。」

在這些個案的經驗裡，除了生命早期可能感受過關係安全感的失控之外，經常聽見的是父母其中一人對著自己嚴厲的斥責另一方的難受經驗。例如，這些個案可能在成長過程中，媽媽會一直告訴他們：「你爸爸是一個非常可惡的壞人」、「你爸爸是毀了我們家庭的人」、或是「你根本不知道你爸爸有多麼可怕」。

對於孩童時期的我們來說，父母本來就是我們最初信任的對象，然而這兩個對象卻用如此強烈的蔑視語言去攻擊另一方時，我們確實是消化不了，似乎是讓自己對父母的信仰硬生生被分裂，也就會不知道到底什麼是可以信任的。

雖然這樣的苦聽起來是蠻難以承受，但其實好多有信任相關困擾的人，都經歷過這樣的痛。曾經有個個案，小時候和爸爸的關係非常好，但後來父母離異，個案變成是媽媽撫養，個案從此成為了媽媽婚姻破碎的垃圾桶。

個案用「睡前床邊故事」來和我形容媽媽數落爸爸的表達，告訴我每天晚上睡前，他都必須被迫聽自己的爸爸是多麼噁心糟糕的一個人，承受媽媽一次又一次語言鞭打爸爸的過程。個案說，雖然他完全不這麼認為，但是他必須強迫自己假裝也討厭爸爸，否則無法在媽媽的模式裡生存。

曾經，有一次個案不小心替爸爸說了話，便得到媽媽很嚴正的斥責：

「我養你，你還敢說你喜歡你爸爸？你真的是太讓我傷心了。」

「你喜歡你爸你就滾啊，你跟你爸爸生活好了。」

類似這樣的經歷，就算是再堅強的孩子，心裡真的會留下很多傷痕。這些傷痕不會因為長大了、時間過了，就自動痊癒。這些傷痕，不只是割在孩子心中父母的樣貌上，更是割破了孩子心中對於這個世界的信任感，也帶給孩子太多的壓抑與痛苦。

這些傷痕，必須被看見、被撫慰。因此，對於因為有類似經驗而無法建立信任感的我們而言，能夠找到合適的對象，陪我們重新整理那些父母間的相互指責，並且好好釋放那些壓抑已久的痛苦情感，也會是讓自己能逐漸成長的一個重要階段。

這樣愛，不失控

再堅強的孩子，心裡都會有很多傷痕。這些傷痕不會因為長大了、時間過了就自動痊癒。這些傷痕，必須被看見、被撫慰，也會是讓自己能逐漸成長的一個重要階段。

CHAPTER

5

當權力感越過親密關係的界線

多重關係型虐愛

我想再重來一次
回到過去彌補妳的傷，沒那種事
怎麼做才能夠停止
後悔竟傷妳如此，不再放肆

——楊明學〈我的錯〉

我們的愛情，是需要愛上一個人，才算開始了嗎？

「我根本沒有愛上那些人。可是，我需要他們愛我。」

出軌、外遇、兵變、不忠、劈腿、小三，這些事件，是有清楚的對錯吧？在親密關係中，一旦有一方出軌，另一方該怎麼反應，大家都有清楚的答案吧？可是，你我都知道，在真實的感情世界裡，好多人在這個看似送分題的挑戰下，並不願意填入大家判斷的正確答案。

尤其，這道送分題，對於經營多重關係型虐愛的人，其實很可能一年需要回答不只一次。

親密關係四個字對於一般人來說是有排他性的，一段親密關係應該是兩個人的故事；然而，在陷入多重關係型虐愛的時候，愛情的量詞可以大於一，我們好像需要同時有第二段親密關係、第三段親密關係，才能具體感受到自己被愛。

從很理性的層面來說，當我們面對多重關係的時候，身為出軌的一方，其實可能很真心地相信與要求自己不要再犯，內心也曾告訴自己：

「他已經包容我一次，我不可以再傷害他第二次！」

「他對我那麼好，我絕對不允許自己再背叛他！」

「我一定要成為值得他原諒的人！」

只可惜，當人愈是需要一直不斷督促自己，往往那些自認為不該發生的事情，又會出現第二集與第三集。

在多重關係型虐愛中，面對另一半的崩潰，我們真的很自責。因為我們的背叛，對方陷入了尋找原因的無底漩渦，不停地追問：「為什麼是他？為什麼這樣對我？」、「你不夠滿足？我不夠讓你滿足？他又滿足你什麼？」

在多重關係型虐愛中，面對自己的一再失控，我們真的很抱歉。為什麼我抵擋不住別人的誘惑？為什麼我總是要讓別人失望？我到底該怎麼做，才能夠真正成熟地面對自己的感情？

在多重關係型虐愛中，面對失去信賴的關係，我們真的很後悔。明明知道另一半是對我們最好的，為什麼自己還要親手去摧毀這些美好？要怎麼做才能讓時光倒流，回到事情還沒發生的時候？

愈愛愈迷惘，我是誰，我在哪？

出軌的我們，內心雖然有很多的情緒，但卻難以啟齒，因為做錯事情的人，到底還有什麼資格有感覺？所有的自責、抱歉、後悔、愧疚、無助，集合成一個困惑的颶風，摧毀了曾經經營的情感與信任，也颳亂了自己對自己的認識。

那些被颳亂的自我認識，給我們一種和自我好脫節的感覺。我們希望自己能對自己喜歡，但實際上卻不停嘗試讓不同的人喜歡上自己；我們想要品嚐百分之百純愛情果汁的滋味，但卻阻止不了自己在投入愛情時摻水的習慣。

那樣的自我脫節，像是張力到達極限的橡皮筋一樣讓人不適，雖然還沒斷裂，卻也放鬆不了。漸漸地，這樣的張力，讓我們屈服了。與其放鬆不了，不如直接剪斷那條橡皮筋，徹底放下那股對自己的疑惑，逃離難以忍耐的自我脫節張力，讓自己體驗來自於不同關係的好感，允許自己進入一段一段不應該的感情。

偶而在心裡，可能也對自己說，是別人選擇對我們好的，我們何必拒絕呢？可是，當喜歡我們的人愈來愈多，我們好像愈來愈討厭自己。

我只是想一直體驗到親密感

曾經有一位個案，在同時經營三段戀情的狀態下，因為太過厭惡自己，決定和我一起合作，好好探索一下自己到底怎麼了。

「我過去一年的感情關係，自己都覺得很奇葩，我不知道自己在幹嘛。我出軌了兩次，或是……三、四次吧，如果不一定要發生關係才算外遇的話。」

「我在我們學校田徑隊當經理，我的男友是我們田徑隊的一個成員，到現在在一起兩年左右。一開始是他追求我的，他對我很好，和他相處也沒什麼問題。

「我其實初期沒有什麼喜歡他的感覺，可是他真的是很優秀的人，成績好、運動好，個性也很溫和，幾乎不太會和人起爭執的那種。他畢業後選了一個外縣市的工作，我是繼續留在原本的大學念碩士班，所以我們變成是遠距離的形式，平均是一個月會見一次，那時候剛分開的時候超級想念對方，每天都會連絡、視訊，可能一兩個星期不到他就會回來找我，就是我上去找他。

「我和男友後來每個月見面的時候，還是都很開心，但是會漸漸地變成只有在見面的時候才有開心的感覺，如果我回到學校，好像就不太會想念他。

「碩班一年級開始後，有個外校進來的男同學對我很好，一開始也就只是像普通朋友的互動，我沒特別多想什麼，而且他知道我有一個畢業學長男朋友，也知道我們每個月都見面。後來慢慢的他變得愈來愈主動，約我的頻率也增加，我好像抗拒不了這種有人就在身邊陪著妳、照顧妳的感覺，他就跟我告白了，我們就很祕密地開始在一起。

「後來到了下學期，田徑隊有一個隊員外貌很有吸引力，雖然他好像個性不太好，比較有脾氣，可是他跟我說話的時候又比較溫柔，讓我覺得自己蠻特別的，所以互動就愈來愈多，關係蠻曖昧的。後來我們就也是偷偷地在一起，但是不只是因為我有男朋友的關係，因為後來我發現，他其實根本就有一個女朋友。」

在第一次談話的開頭短短的幾分鐘，個案直接向我攤開了她正在進行的三段親密關係。之後，個案陸陸續續談到一些相關的心情：

「一開始我都會覺得應該要阻止自己，可是我無力去控制這些情感。我也不知道我到底喜歡誰，我沒有真的主動想要開始哪一段關係。

「我也很希望我能夠有很單純的生活，可是我真的很害怕孤單，我知道我不該接受太多誘惑，但我就是不能管理我的生活。

「後來碩班那個外校男生好像發現我和田徑隊的隊員走得很近，就質問我是什麼意思，為什麼愈來愈少回他訊息，要我告訴他我的感覺是什麼。我真的不知道要說什麼，我就是抗拒不了有人對我好，我覺得我哪一段都放棄不了。」

聽了個案這些感受，我先向她反映一下我聽見的需求。

「在剛剛這些情節中，我好像聽到我們幾乎是無法控制地需要陪伴、關心，也很需要身邊有人對我們好，讓我們覺得自己特別？」

「對，我真的很需要有人陪我。其實在我男友去工作後的半年，我就和我的初戀男友重新開始連絡了……但是我們並沒有真的發生什麼，就是可能像以前會比較曖昧的聊天那樣。我也知道我男朋友其實一定是最適合我的人，如果我這輩子真的會結婚的話，不管從什麼角度分析，我都知道最棒的選擇就是他。

「但是那種感覺就很奇怪，他明明對我那麼好，又不會傷害我，但我對他的愛情卻好像無法延續，無法為了他去停止其它的關係，即使那些人其實也不一定是我真的很愛的人。」

聽見個案的回答，我感覺到一股極度強烈的抗拒寂寞的力量。我好奇是什麼樣的自我狀態，會讓她成為一個必須一直經驗到與人親密的感覺。我說：「相比於是不是能夠有一段好的親密關係，我們似乎更加重視，自己是不是可以不用去感覺到孤獨？」

「嗯……好像是吧，回想一下開始有戀愛經驗之後，我確實是幾乎沒有什麼感情空窗的時候。」個案回應我。

確認了這樣的猜想後，我向個案反映：「當我整理了妳剛剛和我分享的感受，我有個感覺不曉得妳認不認同。少了親密關係，是不是不太能夠單獨和自己相處呀？」

「單獨和自己相處？」個案對於我的說法感到有一點疑惑。

順著這樣的提問，個案和我花了半年的時間，好好地整理了和自己一個人相處的那些苦。

小時候，我就是個被丟來丟去的人球

「好多人在照顧我，可是，我覺得我沒有家。」在我們的會談進入到成長過程經驗時，個案和我聊到爸媽在自己小學三、四年級左右就離婚了，也陸續分享了一些父母離異後自己生活上所面臨的一些變化。

「當時年紀比較小吧，現在也不是非常清楚那時候心理到底有什麼感覺。我爸媽可能也算是蠻有創意的吧，反正他們當時決定離婚之後，對我的安排就是變成我平日要跟媽媽住，然後星期五放學就到我爸那邊去，到了星期一爸爸會載我去學校，等到放學就回到媽媽家，持續這樣的循環。我好像有聽過他們說出類似『不要讓小朋友因為離婚失去爸爸或媽媽』之類的理由。」

「這樣的安排，確實讓妳能依然覺得妳還擁有爸爸媽媽嗎？」我帶著有點懷疑的心情慢慢問個案。

聽了我的問題，個案的表情看起來有點激動，臉上出現一個很尷尬的笑容，但是卻又什麼都沒說。

過了十多秒鐘，我主動邀請個案：「可以隨意描繪一下，此刻妳腦中有閃過任何的句子或畫面嗎？」

個案眼眶逐漸濕潤，慢慢地低聲說：「我覺得沒有人想要我……我覺得他們都不想要我……」

個案在父母離婚之後，雖然生活中表面上依然可以平均保有和父母相處的時間，可是個案告訴我，自從父母分開之後，她其實就很少在體會到真的被父母疼愛的感覺。

個案最懷念的，是小時候晚上睡覺時，往左邊翻有媽媽，往右邊躺有爸爸的感覺。那樣的場景，在父母離婚之後，當然永遠只會是回憶或是夢境。更難受的是，父母離婚之後，各自都很快有了新的伴侶。

雖然多了一個叔叔，多了一個阿姨。但是在平日或是週末的家庭，個案晚上都必須一個人睡覺，不管是左翻或是右躺，都不會有一份讓她安心的溫度。

「我小時候真的覺得我和媽媽是很親近的，印象中我們都會一直說話，聊很多很多東西，我喜歡的卡通內容媽媽都知道，媽媽看什麼節目我也會陪她一起看，媽媽出門也會帶著我，我覺得媽媽的一切我都很熟悉。

「可是，他們離婚之後，我才知道我和我媽媽距離好遠，我不知道那個叔叔是誰，我不知道媽媽是什麼原因會選擇和那個叔叔在一起，而且媽媽和那個叔叔互動的樣子，很多都讓我覺得好陌生。

「小時候我和爸爸雖然沒有像和媽媽那麼多相處的時間，但是我們還算是很親近的。在家裡的時候爸爸會抱著我看電視，出去玩的時候爸爸也會牽著我。可是，在他們離婚之後，我爸爸好像就變得很疏遠我，有什麼東西都要我和那個阿姨溝通，一直鼓勵我可以和阿姨一起玩，甚至有什麼事情要跟我說，還會故意偷過阿姨跟我傳話。我其實真心對那個阿姨一點好感都沒有，我爸還會要阿姨抱我，我其實很不舒服。

「我小的時候，整個家裡每個角落我都可以去，什麼東西我都可以摸。可是，他們離婚之後，好多規定。他們會說大人的房間小孩子不能進去，而且我必須要學習叔叔的書房有些東西我不能碰，家裡哪些抽屜是阿姨的我不能開。」

聽見個案和我分享了這些經驗，我嘗試接近她內在可能有的情緒：「小時候的我們擁有的美好，好像在爸媽選擇離婚之後，全部都被剝奪了。回想起那些不舒服，心情是很悲傷、很遺憾、也很生氣的嗎？」

「嗯……會很遺憾，但是不太知道生不生氣，我應該也不曾真的去跟我爸媽說我會有這些不開心，因為我也不覺得這些事情是誰的錯。應該說是一種無力感，我覺得被迫放棄好多東西，好像失去了好多我應該有的權力。」

順著個案提到的權力，我嘗試幫她整理一下可能的感受：「他們離婚之後，我沒有權力決定我想和誰住；我沒有權力去拉近我和爸媽的距離；我沒有權力決定我要不要和他們新的伴侶互動；我也沒有權力去讓爸媽知道我好難受。簡單來說，他們離婚之後，我沒有權力支配我自己的生活。」

「對，有這些感覺。那個時期對我來說真的是要放棄很多原有的權力，然後發生好多我不想要的改變。

「而且當我已經失去那些權力，我還要繼續聽很多我不想聽到的責罵。例如我爸會因為覺得我和那個阿姨不夠親近，責備我不懂事、讓阿姨傷心；那個叔叔有時候會故意在我面前批評我爸，講我爸怎樣不好，才會讓我媽決定要離婚。

「我很不想聽，我真的很不想聽他們說話……」

個案在父母離婚後的種種經驗，似乎讓個案的在心理，明顯失去了對自己人生的支配權力感，也再也體驗不到自己小時候受爸媽在乎的那份價值感。

「雖然爸媽說他們是很重視我，才會決定要輪流照顧我，但是我心裡有時候會覺得，他們可能其實都不想要我，才會覺得需要輪流運我這顆人球吧……」

在我們後續的會談中，個案和我也漸漸看見，那些早期失去人生支配權力感的經驗，似乎也和她本身的多重親密關係虐愛有些關聯。

我只是想確定，我有權力得到在乎

有一次，個案和我聊到，同時在三段親密關係中體會到的一種心理感受。

「有時候，當他們對我表示好感的時候，雖然用的字句是什麼我愛妳啊之類的，可是，在我內心感覺裡，好像不是那種被愛的感覺，而是一種得到認可。」

我回應：「可以試著把那個『認可』的感覺嘗試多說一些嗎？」

「就是……覺得可以被在乎……覺得有人認可我的權力，就是……怎麼說，我被認可成一個有資格、有權力可以要別人在乎我的人。」

順著個案的說法，我繼續詢問：「如果親密關係給我們的感受是『我有權力讓別人在乎我』，那麼，會不會當我們感受到『我失去要求對方在乎我的權力』時，我們就會想要多尋求一段關係？」

「好像是吧，這好像能解釋為什麼我對於遠距離狀態很難接受，比如我男友到外縣市工作後，我確實覺得沒有權力去要求他什麼，也很難像原本一樣一直感受到他對我的在乎。」

那種權力的感覺，除了個案針對心中感受的表達，我也曾觀察到一個有趣的現象。每當個案跟我分享一些她如何維持住三段親密關係，避免這三個男生知道彼此和自己的關係時，個案好像會用一種笑笑的語氣去描述。有一次，我嘗試問：「當妳剛剛在告訴我，妳很意外男友沒有發現，其實妳昨天跟那個田徑隊男生約會，妳好像笑了一下，不曉得妳覺得那個笑有沒有什麼樣的意思呢？」

「覺得有點意外、有點好笑，如果他真的很認識我的話，怎麼會覺得我昨天真的是自己去看電影。雖然我知道這樣真的很不應該，可是當我閃避過男友的質疑時，心裡好像會無法克制，有種體會到我掌控了局面的感覺。」

出軌，我們將能吸食到多重關係的黑暗權力感

對於一般常人的理解範圍中，如果稍微去感覺親密關係究竟帶給人什麼樣的

心理感受，一般而言我們比較容易說出來的可能像是感到被在乎、被理解、被支持、被關愛，讓我們能在心理上覺得自己經驗到親密感、歸屬感、陪伴感或是信賴感。

然而，當我們嘗試去探索為什麼有些人需要多重的親密關係時，許多心理學研究告訴我們，有時候，出軌未必來自「親密感」的不足，而是「支配權力感」的失控。

陷入多重關係型虐愛的我們，以為自己處理不了承諾，以為自己無法和人維持親密卻很難意識到，在這些糾結感情中，我們遺失的其實是對於人生的權力支配感。

而出軌，成為了弭補這種失落的黑暗藥方。

也許有點難以想像，但是在一般的三角親密關係甚至多角親密關係中，劈腿很可能是一種人際權力的展現。一個三角關係的經營，本質上隱含著資訊與情感的控制，當劈腿者能夠在不同的情感關係之間轉換，並且順利地保留或欺瞞與不同對象互動的訊息，對於自己時間、空間、精神能夠加以管理，內心深處很可能會經驗到自己很有權力感。

為了讓自我能夠持續吸食這樣的黑暗支配權力感，我們沒有辦法與對象維繫穩定的親密關係，因為單純投入在一段關係中，很可能無法讓自我體會到那些強烈的權力感，必須要有第二段、第三段親密關係，才足以支撐內心那塊空虛。

比起所謂的親密感、歸屬感，在多重關係型虐愛中，我們真的在追求的，似乎其實是那份「權力在我自己手中」的支配感。這好像多多少少也解釋了，為什麼在不忠議題相關的伴侶爭吵之中，欺騙與被欺騙總是一個很核心的話題，「什麼時候開始的」、「什麼原因」、「為什麼是她」、「你怎麼可以不告訴我」，在這些問題的背後，追討的正是那些我明明有權力知道，但是卻還不知道的事情。

當然，這一切的一切，雖然發生在親密關係之中，說穿了，卻和愛情未必有關係。在多重關係型虐愛中，我們未必真的在愛人，而是在檢驗著我是否有權力被愛的假設。

在這樣的理解之下，說穿了，當一個人重複地嘗試去維持多段親密關係，事實上，他很可能根本體驗不到什麼是真正的親密感，而是被權力感的檢驗模糊了雙眼。

當我們陷入了心理權力感失控的囹圄，我們好需要內心的苦有人能替我們說出來。

心理權力感失控者的內在心聲

嘿，經過了那些愛人、被愛、以及愛了卻又無法繼續愛的劇情，我們是不是無法自信地說出，我們有權力被好好愛著？

回顧過去的親密關係，即使我們曾經經歷了那麼多段激情與戀情，但是，我們其實沒有真的覺得被深深愛過。

或者，換句話說，其實我們自己也不認同自己有權力被深愛。某種程度來說，我們根本感覺不到自己的重要。

在我們成長過程中，身邊或許有很多聲音會說服我們是個被重視的孩子。可是，在我們內心深處，似乎莫名地藏著一個忽略筆記本，記載著那些我們根本被無視的苦。

過去，我們內心曾經好像不顧一切地想對身邊的人大聲吼出：你們必須重視我。可是，那些聲音，當然不需要發出去，畢竟我們早已無力於自己的影響力。過去，我們內心曾經也很希望身邊有人能真心地只關注自己需要什麼。可是，那些希望，終究是在現實與幻想的交叉道上，往幻想的方向走去。

「有一天，我們一定會找到愛自己的人的。」

懷抱著這樣的心情，我們很期待感情，我們也以為自己懂得什麼是愛情。可是，兜了好多圈之後，我們發現，如果我們不曾覺得被好好的愛過，我們好像已經沒有什麼能力可以好好去愛人。

也許不懂，但我們還是愛上了一個又一個被愛的感覺。我們想要得到的親密感，往往不是來自於有一個人和我們很親密，而是有一個人可以讓我們感覺到，自己有權力得到親密。

我們，也對自己有點疑惑，為什麼明明對方已經展現了對我們的重視，我們卻依然覺得心裡空空的。

我們才驚覺，那本忽略筆記本的墨水與筆跡，是很難被新的感情所溶解的。

說穿了，我們終究還是無力了。

我們討厭自己的不成熟，也討厭自己需要背負著那麼多無法成熟的過去。

我們憎恨自己的無能為力，我們也憎恨自己把這樣的無能為力，植入那些曾經愛我們的親人的生命裡。

說穿了，在進入感情之前，我們可能其實還搞不定自己吧。現實與理想中感情的落差，給了我們好不舒服的痛擊，強逼我們看見現實與理想中自我的落差。

我們，還沒有力氣去思考自己在怎麼辦才好。我們，早就已經被太多情緒淹沒了。一個我好希望被愛，另一個我覺得自己不值得被愛；一個我好痛恨會傷人的自己，另一個我卻在貪婪於傷人的滿足感。

嘿，也許到了和那些掙扎告別的時間了。也許，我們該暫時放下與他人的感情，找到與自己的情感。聽得見自己的需求嗎？聽得見自己的感覺嗎？

如果我們希望能夠離開多重關係型虐愛的循環，有一些可能的行前準備，或許能夠幫助我們朝著一段真正親密的親密關係前進。

看見出軌背後那個桀亂無力的自己

在這個章節中先前提到的那位個案的會談中期開始，我們的對話焦點，從梳理那些親密關係，轉向對自己過去的探索。

「我覺得，的確是那樣吧，從來就不是誰有沒有滿足我的問題，是我自己好像安撫不了自己，不管我跟誰再一起，其實都不會真正滿足。」

很多時候，我們的人際關係樣貌，本來就是一種內在狀態的象徵。對於面對多重關係型虐愛的人而言，自己的親密關係有多麼紊亂，可能也就象徵著自己的內心狀態有多麼混沌。如果我們無法真的去看見、覺察、並且釐清那塵封於心底已久的內在混亂，我們很難找到將自己的親密關係安放的位置。

在我們成長經驗中，我們有哪些權力需求沒有被好好照顧？我們有哪些感受沒有被好處理？我們有那些期待總是落空？那些過去經驗中感受到的遺憾與失落，是我們在真正開始親密關係之前，必須先照顧好的自我關係。

以上面提到的個案來說，在陪著個案感受那些成長過程時，我們不斷討論到好多權力需求無法被滿足的無力感，而這些無力感也似乎化為個案心中一道一道無法跨越的牆。在那些牆上，彷彿刻著這些沉痛的字句：

「我想要有權力拉近媽媽和我的關係，可是我不能，因為叔叔才是媽媽的生活重心。」

「我想要有權力避免和阿姨互動，可是我不能，因為我爸希望我喜歡阿姨。」

「我想要有權力讓爸媽照顧我的不舒服，可是我不能，因為他們說體貼大人的小孩才是乖小孩。」

這些不被滿足的權力感，如果我們沒有辦法辨識清楚，就完全無法著手去處理，而讓自己迷失在這樣的權力感失控狀態裡，一不小心，就容易讓我們的親密關係變成權力感的餵養來源，透過自己對於親密關係對象的影響，去滿足自己的權力需求。

透過了長期會談的整理，上面提到的那位個案透過自我覺察，做出一個驚人的決定。當她好好覺察了自己的成長過程，確實發現自己有好多好多的權力都有意無意地被忽略了，也理解了那樣的自己，會多麼地需要透過多重關係型虐愛去體驗自己的權力。

為了讓自己能夠有個重新開機的機會，個案毅然決然停止所有親密關係，決定讓自己回到一個人的狀態，嘗試體驗什麼叫做與自己相處，並且藉由投入創業這件事情，讓自己在權力需求的議題上能夠有所成長。

雞蛋，可以放在同一個籃子裡

有些人之所以會必須經營多重關係型虐愛，是因為在內心深處不能相信親密關係的穩定性。雖然我們經常聽見類似「父母永遠都會愛自己的孩子」的說法，但是這個說法在許多人的真實心理感受中，並非總是肯定句。

每個孩子一定都會非常希望自己能夠和父母親近，但是在成長過程中，如果父母所營造出來的親子關係是非常不穩定的，例如經常性忽略孩子的需求，或是有條件式的與孩子互動（你必須聽話我才會照顧你），孩子內在會有極高的張力，心中會對於父母有很多的不確定感，經常經驗到「我不確定爸媽是不是應該靠近的、我不確定可不可以信任爸媽、我不確定爸媽會不會傷害我」等焦慮感。

如果在成長過程中，我們無法感受身邊有個人是可以持續愛我們，提供我們一段相對穩定的互動，那麼成人之後，我們很可能無法真的相信，親密關係可以穩定而長遠。因此，當我們開始投入愛情，因為我們對於親密關係並沒有足夠的穩定性假設，所以，內心當然很容易出現類似這樣的問句：

「如果你不夠穩定，我該如何專一？」

換句話說，我們之所以會需要經營多重關係型虐愛，很有可能是因為我們早已被早期經驗內建一套，關於親密關係風險管理的假設：關係絕對不會穩定，所以你必須準備好被拋棄。為了確定自己不會被拋棄，我們很可能決定先下手為強，不讓自己成為他人不穩定的犧牲者。

當我們對於籃子的穩定度根本不信任的時候，我們怎麼可能把雞蛋放在同一個籃子裡？避免風險最好的方法，當然是把雞蛋放在很多個籃子裡，永遠讓自己有可以逃避被拋下的疑慮。

這種從成長經驗中累積下的關係不穩定假設，雖然不難看懂，但是如果真的希望能夠有很大的改變，其實在心理治療專業上也是很有難度的議題。個案必須和治療師透過長期的合作，藉由關係中各種互動的感覺，慢慢地去經驗到原來一段關係可能可以是穩定且溫暖的，透過治療關係中體驗的累積，讓自己逐漸改變那些小時候所建立的假設。

這樣愛，不失控

說穿了，在進入感情之前，我們可能其實還搞不定自己。把經營關係的時間，撥一些給自己，重新看見自己的「值得」，找回心理控制感。

CHAPTER

6

拯救我，保護我，疏離感會摧毀我

寄生型虐愛

沉入愈來愈深的海底
我開始想念你，我好孤寂
跌進愈來愈冷的愛裡
我快不能呼吸，我想要你
人活著賴著一口氧氣，氧氣是你

——許常德〈氧氣〉

感受到愛的人與自己拉開距離，對我們而言會是什麼樣的衝擊？幾句歌詞，深刻呈現寄生型虐愛的狀態。

「你的心裡，真的有我的存在嗎？你的世界，會有我的容身之處嗎？」雖然這些台詞沒有被說出來，可是，我們心裡撥放的電影，總是上演著「他愛我？他不愛我？」的劇情。

在愛情裡的我們，說真的，有時候心裡很好奇，和他在一起的自己，到底在雀躍什麼？我們很好奇，和他靠近時，心會開始狂跳的原因是什麼？每一次感受到與他的心理距離又貼近了一些，心裡漏掉的某些節拍好像被敲對了；每當感受到他對我們的失望，心中彷彿有口井被鑿得更深。

我們以為，我們在品嚐愛情的滋味，但走過一段又一段的愛情，重複了一次又一次的嘆息，我們才驚覺那些雀躍、那些心跳，原來是自己的生命表徵。

是的，少了愛情，我們根本失去生命。少了愛情，我們好像活不下去。我們不確定什麼是愛情，但我們只是很確定我們需要愛情，只是很確定，如果沒有一段愛情、一個對象能讓我們寄生，我們就會隨風而逝，無法附著在具體的時間與空間。

上面這些對於「視愛如命」的描述，呈現的便是親密關係中的寄生型虐戀現象，一種失去愛人就像失去生命的狀態。在寄生型虐愛模式裡，親密關係中的一方會覺得，如果彼此不能隨伺在旁，就會有非常不舒服的感受，心中質疑「當我看不見你，我要怎麼知道我們還在一起？」或是向對方表達沒有對方在會很難受，「當你不在我身邊，我不知道該如何照顧我自己……」。

當我們進入親密關係的寄生狀態，我們很難靠自己經營自己的生活，做任何事情都會希望有伴侶的支持陪伴，會想盡辦法避免自己需要孤軍奮戰的處境，會希望在親密關係中能一直被照顧、被支持、被保護、被嬌寵以及被原諒。

在持續接受到我們的強烈需要訊息之後，親密關係中的另一方開始反抗、開始逃跑，開始發出了這些聲音：

「我覺得我需要一些空間。」

「我真的沒辦法，我沒有那麼萬能。」

「你為什麼所有事情都要靠我，你可以有你自己的生活啊！」

當寄生型虐愛發展過了頭，我們的現實與夢境已經幾乎全部被對方占據，可是對方卻開始閃躲、開始逃跑，我們無法繼續被伴侶滿足時。這時，原本的寄生狀態失去了平衡，那種心理上的疏離與崩潰，幾乎讓我們不知道該怎麼繼續活下去才好。

寄生，才能開始人生

第一次見到小庭，是在成人精神急性病房裡，當他又再次因為吞藥過量而被送醫的時候。看看就醫紀錄，這已經是近年來小庭第五次因為吞藥過量，而被送到醫院急診的狀況。

「他說，他會保護我；他說，他會照顧我。那天，他跪在我面前跟我求婚，我好感動，我的人生終於開始了。」

小庭在技術學院念書時間認識了大自己六歲的先生，並且在一年後走入婚姻。小庭說，相比於以前的兩任男友，先生真的是對他非常非常好：「可能年紀差異吧，我先生確實很寵我，交往的時候會覺得像公主，很感動。」

小庭跟我分享到，自己以前交的男朋友都是同學，所以就感覺只是比較深入一點的友情，不是真的很認真的愛情。因為先生可能年紀比較大的關係，真的很會照顧人，會讓小庭覺得自己好像一個受寵愛的小公主，小庭也因為這樣深深被吸引。交往時期在追求小庭的時候，先生常常有送花、禮物、送早餐送消夜等等的貼心行動，讓小庭體會了從來沒經驗過的幸福。

進入婚姻之後這五年來，小庭的先生，是小庭的天地。小庭說，新婚前半年自己真的好幸福，先生除了需要經營自己的小火鍋店之外，其餘時間兩個人都非常甜蜜地在一起，先生也像個完美男人一樣，幫他打理好生活大小事，出去旅遊的時候先生也會包辦所有行程，小庭都不會需要操心。

先生不僅充分讓小庭能夠徹底依賴，在小庭家人的部分，甚至還數次在小庭爸爸的要求下，由先生提供小庭爸爸孝親費。小庭說，他心裡對先生有很多感謝，因為先生是對他最好的人，是自己唯一的依靠。先生的愛與支持，是自己的人生中絕對不可以失去的事物。

少了你，我活不下去

然而，婚後大概過了一年，先生以前對自己照顧得無微不至的態度，慢慢不見了。因為先生合夥人的一些狀況，導致先生的經濟出現一點困難。在先生和小庭溝通之下，為了讓家庭有比較好的收入，小庭嘗試出去上班賺錢，陸續做過三份銷售工作，但每份工作都維持不到三個月，每當公司主管開始增加交付的責任時，小庭內心就會感到很不舒服，覺得自己比不上別人，擔心自己達不到要求，因而開始退縮。

一開始先生還會願意安慰和鼓勵小庭多多嘗試，但幾次之後，小庭也感覺到先生開始變得非常不耐煩，於是就和先生妥協，在先生的小火鍋店每週幫忙幾天，減輕一點點人事費用。

「先生罵我，為什麼別人那麼簡單就能做的事情，我要把它說得那麼困難。可是，我真的笑不出來，我就是沒有辦法笑著去服務店裡的客人。

「有一天，我們因為上班的事情大吵了一架，偏偏我爸剛好打了一通電話，又跟我先生要錢。講完電話後，我先生告訴我，他想離婚。

「我聽到他那麼說，我說不出那是什麼感覺，覺得很空，然後我就是一直罵他、捶他，然後他摔門就走，開了車不知道去了哪裡。

「那天晚上我是在病房裡醒來的。那是我第一次吞藥。」

小庭在親密關係的歷程，呈現了濃濃的寄生型虐愛色彩。當小庭聽見先生有結束親密關係的打算，小庭感受到的似乎不只是關係上的威脅，而是一個自我存在能否持續的威脅，痛苦到可以放棄自己，彷彿失去生命也不可惜。

如同一個與宿主結合的寄生體，當宿主已無法再與自己同在，等於接到了死亡的宣判。對於小庭而言，先生曾經給予的關愛，為帶來了小庭生命的光源；先生想離婚的念頭，讓小庭的世界徹底失去光彩、絕望不堪。

「對於我來說，少了先生的愛，自己好像根本活不下去了。」聽了小庭的故事，我輕輕這麼說「可以告訴我更多關於妳小時候的事嗎？」並且在小庭的同意下，繼續邀請她與我多談一點以前的事情。

不要問我：「你是誰帶大的？」

在進行心理評估的過程中，小庭其實從頭到尾表情與態度都相當拘謹，問題回答也偏向保守，有時候可能問了兩三個問題，才願意挑一個回答，所以在了解她的背景上花了相當多的時間。從小庭的說明中拼湊，感覺小庭在原生家庭的生活幾乎不太有什麼和樂的經驗，記憶中的底片，每一格都是父母的爭執畫面，輕微的是吵架，嚴重的是摔東西，甚至暴力相向。

小庭上小學之後，媽媽提出離婚，但是爸爸不同意，媽媽為了要逼爸爸願意離婚，媽媽開始出現酗酒的狀況，喝酒後爸媽會嚴重地威脅、咒罵彼此，也有好幾次媽媽乾脆離家，消失不見。

這樣的日子持續了幾年，小庭的爸爸媽媽終於協議離婚，三姊妹的監護權在爸爸，媽媽幾乎沒有給過什麼關心。長大過程中，爸爸其實大部分時間也是在外工作，三姊妹可能會需要給不同的親戚輪流照顧，即使有住在一起的時候，三姊妹彼此之間也經常有爭執和衝突，身為妹妹的小庭，並沒有感受到姊姊們的照顧與疼愛，反而有種一直在資源競爭的感覺。

「小時候奶奶有時候會到家裡來照顧我們，但是奶奶對二姊最好，如果她需要出門的時候，她只會帶二姊出去，也只會買東西給她；小學時期有一段時間我們是住在姑姑家，他們說因為大姊年紀比較大課業比較重，所以大姊可以有自己的房間。」

小庭的童年生活，顛沛流離似乎是生活與心情的最佳寫照。即使身邊有血親的存在，但是在小庭的心中，長大似乎不是一個接受大人養育與照顧的過程，而是一個孩子孤獨地等時間經過後會出現的自然現象。

「通常如果有人聽到我父母離婚，他們就會接著問：『那你小時候是誰帶大的？』，我每次聽到這個問題，我真的不知道要回答什麼。」在小庭的成長過程，似乎沒感覺到有任何一個長輩是投入心力，一直在陪著他、照顧他的。

小庭告訴我，有時候在餐廳裡面，光是看到鄰桌客人可能是父母帶著小孩一起用餐的畫面，回家之後，她的腦子好像就會一直被那樣的畫面纏繞，可以因為這樣無力一個晚上。這樣的說法，清楚地呈現了在小庭的人生，那份想得到陪伴、得到照顧的需求，可能已經在心裡的深處冰凍了二十幾年。

在這種不穩定的成長環境中長大，似乎不難想像小庭會極度地需要一份寄生式虐愛，來給自己的生命一些溫度。在小庭的內心，先生的出現讓他終於有了一絲希望，能夠將心中那些依賴的需求釋放，企圖接近那被照顧、被保護、被嬌寵的憧憬。

然而，這樣的一份渴望，在小庭這個階段的人生，也無法真的被實現，而是以一份寄生型虐愛的苦繼續延續著。

無法寄生，只能逃離

在寄生型虐愛模式之下，不難理解小庭為什麼將與先生的婚姻形容成是自己人生的起點。然而，這樣形式上的起點，並不可能取代真實人生的起點。在小庭出生至步入婚姻之間的時光，那些永遠無法體驗到自己會被支持的缺憾，真的對小庭的內在造成太大的缺口，讓小庭難以對自己有完整的輪廓，而無意識地認定，必須有先生的支持，自己才會有生命力，將自己的存在完全與先生的關愛緊緊相連。

對於這樣好不容易找到宿主寄生的依賴者來說，如果發現宿主漸漸無法滿足自己的需求，自己也無法適度調整自己那些心底的缺口，內心當然會經歷非常大的痛苦，感到被遺棄、被背叛，完全失去自己人生的方向。受傷的心靈，很容易產生了「無法寄生，只能逃離」的負向念頭，開始使用一些放棄型的處理模式。

從第一次吞藥被送醫到現在，小庭雖然還沒有失去婚姻，但是卻數度因為承受不了先生對於自己的失望，而選擇傷害自己。當先生已經不在是個安全的宿主，小庭也無法調適自己心理上長年累積下來的傷痛，過度吞藥成為了小庭生活的逃離路線。

對於這樣的個案而言，如果壓力持續，關係議題無法獲得疏通，這樣的逃離路線，很可能會重複被使用，每當生命中的挑戰高於可以應付的範圍，吞藥、住院、再吞藥、再住院，成了生命之苦的唯一救贖。

當過度吞藥行為會變成一個人生命中的避風港，我們似乎可以想像，這個生命，已經經歷了多麼不可理喻的風雨。

對於這種親密關係已經全然成為生命寄託的狀態，我們其實有好多的心情需要感受到被理解。

心理存在感失控者的內在心聲

我們活著，我們真真實實的活著。

可是，我們很難確定自己存在。

也許實質上確實沒什麼問題，不過，我們的內心，好像有一些些空虛。

那些空虛，當我們平常和他人一起互動的的時候，也許沒有什麼力道，所以也不太容易去感覺。可是，當我們獨自一人的時候，心裡面好像容易出現很多不清晰卻又刺耳的聲音：

「為什麼別人好像都活得很自在，但是我卻感受不到我的生命有什麼意思？」

有時候，我們的內心其實對自己的人生感到迷失，懷疑自己存在的價值。

「為什麼明明身邊還是有關心我的人，我卻好像距離他們非常遙遠？」

有時候，我們的內心其實會對於關係感到無助，困惑於與他人連結的意義。

「為什麼別人可以對生活有熱情，我所能想像的未來卻會是那麼的空虛？」

有時候，我們的內心會對於未來的匱乏感覺到焦慮，羨慕他人能夠活得自在、自由。

那些不舒服的情緒交織在一起，經常在我們落單時打擾我們的內在，彷彿一直在我們的心口低語著，讓我們感覺好像什麼都沒意義、什麼都不重要、什麼都沒有用。

孤獨的我們像被抽了真空一樣，當那些空虛的感覺與情緒湧出，我們很自動化地知道有些不對，也很自動化地想要避開。

嗯，如果不去管它就沒事了吧？我們不一定需要討論逃避究竟可不可恥，但心靈的空虛，確實可以因為逃避得到緩解。

我們是怎麼逃的呢？如果我們無法感受自己的存在，乾脆讓另一個人來看見自己吧！有個人和我對話，有個人陪著我，有個人願意照顧我的時候，我就不會再懷疑自己的存在有沒有價值了吧？

漸漸地，我們的生命，接受了沒有他人、沒有自己的邏輯。我們好需要被照顧，當我們感受不到他人的照顧，我們內心的那些無助與無望淹沒了自己的存在；我們好需要被重視，當我們感受不到他人的重視，我們內心的那些迷失與空虛，抹滅了自己的存在。

我們，很害怕、很焦慮。如果沒有一個能夠依靠的浮木，我們真的好難想像自己要如何不在空虛的洪流中溺斃。

唯一能夠保證存活的方式，是將自己與那個他綁在一起，牢牢地抓住救生圈不放。

在我們內心，我們面對的，其實不是什麼寄生不寄生的問題，如果沒有人曾經讓我們感覺自己是有意義的存在，沒有人看見我們的需求，沒有人關照我們的心痛，我們的寄生，難道不也只是必然嗎？

必然的寄生，卻難以找到穩固的宿主。我們以為那些空虛，可以被另一個他所填滿。

可惜，掙扎在空虛洪流中的我們，總是抓住了會洩氣的救生圈。

我們以為，投入親密關係後，我們可以不需要再空虛。我們以為，投入親密關係後，我們不需要面對更多的失望。只是，一次又一次，我們在得到暫時的滿足之後，看著眼前的空虛加上失望，束手無策。

我們內心需要的填充物，或許不會來自未來的哪個他，而是修復來自過去的哪段傷。

為了讓這樣的空虛洪流能夠得到紓解，為了讓寄生型虐戀之苦能夠有所緩和，在這段關係的兩端，或許有一些思考的角度，能夠嘗試讓關係走向平衡共生，而不是不停的失衡寄生。

你的存在不是他的存在

生物學上的寄生概念，指的是生物藉由宿主獲得養分以維繫生命的現象。這裡我們討論的寄生是虐愛，其中那連結彼此的養分，很接近所謂的「存在感」，也就是當伴侶無法和自己互動，我們似乎缺乏一種自己還存在的感覺。

對於一般人來說，即使是自己一個人過一整天，身邊沒有任何伴侶、朋友的陪伴，也不特別和其他人聯絡，心理上都還是可以有一定的存在感（甚至還伴隨有極大的輕鬆感），可能會因為自己那天做了某些休閒活動，覺得對自己的生活有些意義，或是因為當天完成了一些工作進度，覺得自己在工作上總算做出些成果，因為感到自豪。

然而，對於容易發展出寄生型虐愛模式的我們來說，孤獨一個人，會讓我們覺得有點像進入一個虛空之境，其實有點可怕、有點煎熬。如果一整天都不能和任何人接觸，在我們的心理層次，是處在一個「沒有人注視我」、「沒有人需要我」的匱乏狀態，並且我們會因為這樣覺得自己沒有什麼存在的價值，進而感覺到極大的焦慮感。

換個方向談，一般人的存在，是同時因為自己與他人而存在。對於需要寄生型關係的我們而言，我們說穿了就是因為他人而存在，並且需要透過他人和我們的互動，才能夠感受到自己的樣貌。

增加「我存在」的體驗

如果沒有人在照顧我，那麼我不存在，我不覺得我的存在有什麼意思，我也不知道我想要什麼；如果沒有人在關注我，那麼我不存在，我不覺得我的存在有什麼價值，我也不知道我有什麼感覺。

因此，如果我們希望能稍微去調整這樣的寄生型思維，我們可以試著去增加「我存在」的體驗。舉些簡單的例子來說，當有個案和我聊一個與朋友出國旅行的經驗，他的描述如果是：

「那時候場面很僵，因為沒人先想到天氣的問題，整個塞車很嚴重，原本朋友制定好的計劃整個被打亂很煩躁，然後他的交往對象也很生氣，我立刻查最近的、氣氛好一點的餐廳在哪裡。可是那個餐廳很貴，後來吃飽回到飯店，他們還抱怨花太多錢。」

在這個故事中，如果我們希望去增加個案所謂的「存在感」，我們可能可以去反映的現象是：

「雖然是你在跟我說這個故事，但是我發現我可以知道你朋友很煩躁、他的交往對象很生氣，還有他們都不想多花錢，可是我似乎很難知道，你本身有哪些感覺？」

類似這樣的問題，就是嘗試去引導一個人開始感受自己是有感覺的，自己是有情緒的，不需要透過「我要想辦法讓他們的狀態恢復一些」去感受自己的存在。在這樣的情境中，我們是不是能充分感覺到「因為行程被打亂，我也很失望，我也是受害者」、「行程不順朋友還生氣，我覺得我不被尊重」、「幫他們找替代方案他們還嫌，我覺得很委屈」，會是一個感受自己存在的重要練習。

同時，多多學習將我們自己的需求與他人的需求做出區隔，也是一種經驗自己存在感的方式。回到剛剛這個簡單的對話，對於有些自我存在感比較缺乏的個案來說，對於那樣的經驗，很可能會出現「那個晚上我們大家需要去吃一個氣氛好的餐廳」的詮釋。然而，這樣的詮釋是一種「關係的存在」，並不是「我的存在」的理解。比較具有自我存在感的解讀方式會像是：

「我很希望他們能盡快和好，所以即使多花錢，我也願意做出這個嘗試。至於他們當下情緒狀態到底適不適合這樣的安排，確實也很難評估。」「因為行程亂掉，我本身也覺得很可惜，所以我也需要吃個不錯的餐廳來體恤自己。當然朋友們或許會有不同的需求。」

雖然事情客觀結果一模一樣，只是一些詮釋上的簡單文字差異，可是這樣的理解方式，確實會一個人的自我狀態有很重要的影響。

當我們能夠培養能力與習慣多多去關注自己的情緒與需求，並且嘗試在每個事情上面去清楚分割我的需求是什麼，對方的需求是什麼，也就比較不會輕易地用寄生模式去經營親密關係，比較能夠感受到兩個人各自的狀態與需要。

醒醒吧，沒有誰是誰的英雄

寄生型虐愛的本質上是一種依賴關係，是我們內在希望把自己交託給另一個人的依賴慾望的展現。這樣的依賴慾望除了會展現在親密關係之中，期待伴侶將持續提供無微不至的照顧與疼愛，讓自己做好「王子」或「公主」的角色，有時候也能夠在親子關係中看見，像是成年之後的孩子仍繼續接受父母的一切安排，長期當個所謂的「媽寶男孩」。

如果你本身沒有非常明顯的依賴慾望，也沒特別和這種類型的人相處過，也許你會覺得這些關係是奇怪的、誇張的，因為你可能認為，根本人沒有人會對這種依賴慾望高的人有興趣，覺得一定不會有人選擇和那些有王子病、公主病的人，進入所謂的寄生型親密關係。這樣的判斷，也許理性上相當合理，但可惜，現象上的確不是這麼一回事。

能夠被伴侶寄生，能夠成為伴侶的宿主，對於某些人來說，其實很有魅力。

「我對我愛的女人照顧得無微不至，她想買什麼我都買給她，她想玩什麼我都帶她去，她大大小小的事情都好需要我，我是個多麼有魅力、有能力又成功的男人啊！」

若這樣的男人剛好遇上習慣寄生的伴侶，也可能一拍即合：

「男人都是有自尊的，我既然決定愛他，那麼我當然要維護他、照顧他、包容他，他需要我怎麼配合，我就努力付出，這樣才是個體貼的好女人。」

上面的兩段對白，或許沒有在互動中直接被表達出來，然而，某些人在親密關係裡，確實對自己的角色有著這樣的期待，有意識或者無意識皆有可能，希望自己能夠成為另一個人的宿主，讓他人寄生。這樣的期待，如果能遇到一個有強烈依賴慾望的對象，很容易就是乾柴遇上烈火，一個想打遇上一個能挨，一個主遇上一個奴。

然而，這種模式的關係要天長地久，雖然不能說不可能，但真的非常困難。那些乾柴，一旦遇上許多現實條件的限制，還是可能會燒完。以前面小庭的故事來說，如果結婚過後沒有發生先生事業經營的困難，也沒有遇到爸爸介入的經濟壓力，或許小庭和先生的關係，不至於在那麼短的時間內就急速惡化，畢竟先生應該也確實能從那樣的互動中，得到不少「我是有肩膀的男超人」、「我是太太生命中的英雄」等等心理上的滿足。

換句話說，當原本希望當超人、當英雄的「宿主」，在生活中面對到某些自己無法調適的巨大壓力，「宿主」本身的服務能力就會大幅降低，原本的寄生關係也就會出現裂痕。

因此，在一段寄生型虐愛之中，不僅僅是寄生的一方可以學習去調整自己的存在感，其實被寄生的一方也應該可以去好好思考一下，自己會不會是個過度完美的宿主。親密關係的品質再好，伴侶都不可能替對方處理與面對所有的辛苦，一段親密關係也不是需要我們去幫伴侶抹滅掉所有的負面感受。

適度地降低對於伴侶的全面照顧，適度地學習在親密關係中，兩人都可能偶而滿足不了對方，或許會讓自己與「完美伴侶」的形象遠離，可是反而能夠讓彼此更接近真實與自在的親密關係。

避免「依賴套餐」，請嘗試「單點式」的依賴

在我們的生命早期，幾乎每個人都會有一位主要照顧者，對於大部分人來說，這個角色通常是媽媽，當我們哭鬧的時候媽媽會處理，當我們飢餓的時候媽媽會餵食，當我們病痛的時候媽媽會照顧。

所以，在我們長大之後，當我們的依賴慾望上升的時候，很容易不由自主地想要找到一個對象可以提供我們「依賴的套餐」，從同樣一個對象身上，獲取所有希望得到的支持與保護，一次把我們所有的不舒服給解除。

然而，這種把所有雞蛋都放在同一個籃子裡的作法，正是寄生型虐愛模式容易一發不可收拾的理由，尤其是當我們遇見一個明明容納不了多少雞蛋，卻騙我們它容量超級大的籃子。我們可能誤以為人生中，會有一個英雄能夠全面拯救我們的生活，但不意外地，我們將收穫滿滿的失望情緒。

相對於找出全面滿足的套餐，當我們感受到人生好深的無助感時，也許，我們可以尋找「單點式」的依賴。我曾經和很多個案嘗試去深入整理自己的親密關係，帶給自己哪一些需求的滿足，結果發現內容不但非常多樣，而且每一段親密關係的內容真的差異都蠻大的。一般可能會提到的內容像是：

理解我的感受。

支持我的想法。

牽手、擁抱的親密感。

陪伴我的生活。

照顧我的起居。

經營共同的興趣。

讓我覺得被在乎。

帶給我性滿足。

給我有未來的感覺。

除了這些親密關係範疇的內容之外，還可能會聽到一些容易和其他關係有重複的內容，例如：

教導我人生道理。

讓我可以做自己想做的事情。

提供我金錢與物質滿足。

難過的時候幫我出氣。

稱讚我，讓我覺得自己很棒。

聽我的指示，讓我覺得我很有影響力。

被我照顧、讓我覺得有人需要我。

可以有小孩、建立家庭。

讓我發洩我的不滿。

接納我的脾氣。

會規定我做事，督促我。

可以幫我做決定。

由於每個人需求不同，每一段親密關係本質確實不同，所以應該不會有哪一項需求是一定不可以存在親密關係裡。但是，一段親密關係能夠承載的需求數量，就很有可能是有限的。

所謂寄生式虐愛模式也可以用這個期待的數量去理解，當我們把自己生活中所有面向的需要，全都寄生於同一個對象上，認定親密關係應該要能夠完整覆蓋上面所有需求，忘了一個人除了能被親密關係滿足之外，其實還可以靠親子關係、同儕關係、好友關係、職場關係、甚至是與心理專業人員的關係等，來照顧自己。

因此，通常如果我詢問個案：「你認為伴侶應該要為你滿足的需求有哪一些？」當個案提出的數量很多很多（比如說十個以上），我便可能稍微猜想，個案的親密關係是否有類似寄生式虐愛模式的可能性，注意個案是否有習慣將一切的滿足感都寄託在親密關係，期待自己的伴侶要能夠全面的拯救自己的人生。

在那樣的對話，在整理完所有的需求之後，如果個案與我的關係建立得還算穩固，我可能會略帶幽默地去回應：「哇，感覺我們的伴侶除了要當好伴侶之外，還要兼任我們的父母、好友以及下屬的角色，他生活應該會蠻忙的吧！」

依賴他人，本質上並不是一件壞事，但是，我們必須謹慎地安排，嘗試在不同的人生範疇中，尋找不同的依賴對象，才不會容易掉入失望的循環。面對我們的感情、家庭、工作、休閒、精神等複雜的生活需求，比起等待一個全能的對象給予我們完整的滿足，也可以嘗試在每個領域中，各找出一個值得我們信賴與依靠的人，讓我們可以藉由各種「單點」的組合，完成自己的內在需求全餐。

這樣愛，不失控

一段關係的品質再好，伴侶都不可能替對方處理與面對所有辛苦，好的關係也不需要幫伴侶抹滅掉所有的負面感受。適度降低對於伴侶的全面照顧，適度地學習在親密關係中，兩人都可能偶而滿足不了對方，反而能讓彼此更接近真實與自在的親密關係。

結語

面對虐愛的四個心理準備

一起經歷了本書提到的六種虐愛故事，不曉得是否有任何一段，曾經觸碰到我們過去親密關係的一點點感受。也許每一段虐愛有著自己獨特的呈現樣貌，但是當我們把很多這些類型的故事擺在一起去感覺時，其實不難發現，在那每一段明明痛到不行卻無法放棄的愛情中，其實可以歸納出幾種很相似的內在焦慮、掙扎與衝突。

本書在前言中提到了所謂的「心理失控感轉移」這個概念，幫助我們能夠清楚地感覺到，我們現在的親密關係，和我們成長過程所體會過的那些原生關係，其實「很有關係」。

準備一　虐愛不是親密感出錯

如果我們在成長過程非常缺乏心理價值感的滿足，感受不到自我的重要性，我們在進入親密關係的時候，為了能夠加大力度地感受到自己的價值，我們會經營出「自我犧牲式」的愛情，希望去補足以前在價值感上的遺憾；又或者，如果我們一直以來無法在心理存在感上得到滿足，無法體驗到自己是可以為自己而活，就可能會經營出「寄生式」的愛情，避免去面對自己缺乏存在感的那些焦慮。

事實上，我們在一段親密關係中，不僅僅是在尋找親密感，我們也同時在尋找價值感、存在感、以及權力感等等。也就是說，如果我們希望親密關係能變好，單純想著兩個人如何互動更親密、更熱絡，其實是絕對不足的。一段好的親密關係，不單單來自雙方對於這段關係的親密度的感受，還必須去思考這段關係的模式，會不會讓彼此覺得自己缺乏價值、缺乏用處或是缺乏影響力。

這幾個心理感受的形容聽起來有點抽象，但實際上絕對是時時刻刻存在於每一段親密關係之中。藉由下面這些簡單的例子，我們可以很直接地去感受什麼是可能帶來心理失控的親密關係：

「我覺得我無力於影響他的決定，其實他做大部份事情，通常都是自己說了算，他不太會在乎我的看法和感受，像是他要換工作的事情，他也是差不多安排好了才跟我分享，不會覺得我可能會有一些意見。」

影響不了另一半的狀況，讓我們無法滿足親密關係中的權力感。

「感覺我對他其實也沒有什麼重要性吧，他好像一個人也都可以過得很好，他有自己的興趣、自己的朋友、自己的成就、自己的步調，說實話我覺得我的存在對他來說沒有什麼意義。」

缺乏被另一半需要的感覺，讓我們無法滿足親密關係中的存在感。

「就是常常被他東嫌西嫌吧，他常常會拿我和別人比較，抱怨為什麼別人的交往對象可以做到的基本事情，我都做不好；有一次，他還直接在我們共同朋友的面前批評我，用一些玩笑話的語氣說自己很衰才會和我在一起。」

得不到另一半的正面評價，感受不到自己的好，讓我們無法滿足親密關係中該有的價值感。

類似這些感受，就是親密關係中我們可能經驗到的心理失控感狀態。一般而言，一段親密關係中的兩人，即使開始發生類似的狀態，也不代表這段感情一定就會進入所謂的虐愛狀態，畢竟長期的親密關係，本來就要靠兩個人在無數個需要磨合的難題中，不停溝通、協調、妥協、再溝通……藉由不斷互相理解去拉近彼此。

然而，這樣的狀態，如果剛好貼合了某個人本身成長經驗的痛點，啟動了某一方成長過程埋下的地雷，出現所謂「心理失控感轉移」的過程，可能就會進入比較辛苦的虐愛狀態。

就以上面這個價值感缺乏滿足的例子來看，假設被抱怨批評的一方在成長過程確實也剛好累積了很多的「心理價值感」失控經驗，那麼這種個人價值議題本來就是他的軟肋，一旦感受到對方的不滿意，會牽動很大很重的情緒，不知不覺可能就逐漸進入「自我犧牲型虐愛」的應對模式。

換句話說，很多時候親密關係的困難，並非真的是兩個人彼此親密不親密的問題，而是某個人心理狀態的反映。如果我們的內在曾經經歷過很大的心理失控感，即使我們遇到了跟我們既合適又親密的人，我們還是會需要進行很多心理失控感的修補處理。一旦我們的修補方式選用得不恰當，不小心把我們的另一半變成是修補心理失控感的來源，我們很可能就會陷入很多難解的情緒，讓這段親密關係出現困難，愈來愈虐。

這也是為什麼，其實在很多人的虐愛經驗中，真正面對到虐愛模式，有時候無法像這本書六種類型的介紹所區分得那麼「乾淨」，很難簡單地把自己的虐愛單純地放在同一種類型。

先與自己靠近，才能感受親密

我們的成長經驗，有時候不會那麼剛好地讓我們只經歷到某一種心理失控感，很可能是同時夾雜著兩種甚至三種的感受，讓我們發展出加成型的虐愛模式。在我的印象中，曾經有一位個案的成長經驗，同時讓他的心理存在感和心理壓迫感都出現嚴重的失控，也讓他長大之後的親密關係，面對了「寄生型＋恨意爆表型」的加成虐愛。

當這位個案與我談到過去的經驗，經常會談到一些媽媽嚴厲的管教行為，讓他經歷了心理存在感與心理壓迫感的失控，像是：

「媽媽不會管我的心情，不會管我心裡有什麼感覺，即使我很難過，他也會逼我不可以難過。雖然有那樣的感覺確實不像是一個好小孩，但是我記憶中，有一段時間我真的很不喜歡我妹妹。

「但是我媽對這件事情非常敏感，而且會強迫我什麼事都一定要讓妹妹，只要我和妹妹有爭吵，不管怎麼樣都是我的錯，媽媽會直接打我，還要強迫我道歉。印象中也曾經因為類似的事情，媽媽直接在一群鄰居的面前狠狠地罵我、打我巴掌，鄰居還看不下去來阻止他。」

個案媽媽的管教行為，讓個案的情緒感受嚴重被壓抑，漸漸對於自己的負面感受與不滿出現排斥，經歷了心理壓迫感失控；同時，那種非常不顧個案尊嚴的對待，讓個案在他人面前丟臉，產生了「我不受重視」、「我不值得被注意」等心理存在感的失控。

因此，當這位個案進入親密關係，他不僅會產生寄生式虐愛模式，非常希望對方的生活中只剩下他，期待對方盡可能減少與其他人的互動，讓彼此的生活能夠融合為一；同時，隔一段時間，當個案在親密關係感受到對方的忽略、辜負，個案會陷入爆炸式的情緒，瘋狂地指責與言語攻擊對方，甚至出現一些肢體上的拉扯。

如果我們陷入了這樣加成型的虐愛，我們的親密關係當然會面對到更高的挑戰，需要靠著很多很多的修練去處理那些過去人生留給我們的課題。在那眾多課題中，其中有一項，也可能會往上追溯到我們父母本身的人生課題。

準備二　看見虐愛源頭的源頭

在我和個案討論虐愛議題的時候，經常會在「責任歸屬」、「是非對錯」的部分遇到一些很大的麻煩。

順著會談的進展，當個案逐漸感覺到，我們的重點有很大部分是在探索自己的成長經驗，如何影響現在的親密關係，其實很容易出現一些抗拒的反射動作，開始提出像這樣的問題：「可是，一直去思考我的成長經驗對於我現在的影響，這樣是對的嗎？我這樣是不是一直在推卸責任？好像是在說都是我爸媽害我的？都是別人的錯？」有些個案會在開始探索自己之後，出現這樣的懷疑，擔心自己陷入怨天尤人的漩渦。

或者，當我在陪著個案，去感受那些小時候的委屈與生氣等負面情緒時，個案可能會開始否認自己的不舒服，甚至告訴我他可能才是糟糕的那個人：「我覺得這樣談對我爸媽好像很不公平，因為你只有聽到我分享的經驗，說不定你去問我爸媽，他們會說我傷他們更多，他們更可憐。」有些個案會在開始感受到自己的情緒之後，開始跳出來批評自己，覺得自己不值得被同情。

關於「責任歸屬」或者「是非對錯」這兩種反應，個案個別的心理狀態實際上可能有很細緻的不同，不過大致上都呈現了個案其實在認同父母的部分，有了比較過度的堅持，心裡有著很強烈的信念再要求自己維護父母的完美狀態，認同父母是對的、父母就算做錯事情也是有原因的，盡量保持腦中那塊「天下無不是的父母」牌匾能穩定地掛好。

在會談過程，如果這些有關父母認同反應是明顯的，都是我們必須要花時間正視的議題，否則會很容易讓我們在繼續成長的路上減速，處理不好甚至也可能因此就停滯、放棄。

那些「我不應該推卸責任、怪罪爸媽」的想法，並不是本質上有什麼絕對的錯誤其實，我們的人生中，有太多事情都無法歸屬責任與判斷對錯，是吧？但是，這些想法會產生很多「副作用」，而這些「副作用」會去阻礙個人成長應該有的歷程。

其中一個經常出現的副作用，就是個案會因此選擇遠離自己的情緒。在會談過程中，當我感受到個案企圖在維護心中的完美父母形象時，最容易感受到的，就是個案會企圖告訴我「其實他的感覺沒有那麼重要」，接著就會開始想要減少自己去感受自己的情緒，像是：

「我跟你說的那些以前的感受，其實也不一定對，感覺也不是很重要。我可能還是想聽你的專業建議，告訴我有什麼客觀改變我的親密關係的方法。」

一個人的心理健康很大的要素，就是我們能不能理解自己所經驗到的情緒，並且找到適當的調節情緒的方式。只要我們能夠很高超地處理自己的情緒，其實很多客觀上該做到的行為是很自然就能做到的；反之，如果我們對於自己的情緒不願意接納，讓自己的腦子經常被情緒干擾，就算我們客觀上知道什麼該做，可能也容易做得一場糊塗。

簡單來說，如果想要自己可以非常客觀理性，我們最需要學好的，就是如何讓自己非常懂得自己的情緒。但是，一旦我們陷入了「我的感覺沒那麼重要」，為了避免思考成長經驗可能會帶來的虐愛模式相關的不舒服，選擇讓自己遠離情緒，我們其實真的就是會愈來愈遠離理性，也愈來愈難找到客觀上有效跳脫虐愛模式的做法。

他先受了傷，不代表你就不會痛

那麼，具體回頭來談，如果我們在成長的路上，確實面對到這些父母認同相關議題的副作用干擾時，我們可能可以怎麼想、怎麼做？在我的經驗中，這表示我們需要慢慢地將探索的內容，從個案本身一個人的不舒服，擴展到兩個人、三個人，甚至是全家人的不舒服。

這樣的探索，會從上面提到的那種個案心理抗拒開端，慢慢地走向更符合個案所謂「公平」的討論。舉例來說，曾經有個面對「恨意爆表型虐愛」的個案，和我會談過程中有類似這樣的對話：

「我跟你說這些我曾經被我媽言語壓迫的事情，也只是我個人的受傷的感覺，可是這些感覺是不對的，因為這對我媽來說很不公平。我媽媽也很辛苦，她的情緒比我更難過、更可憐。」在嘗試去感受媽媽帶來的影響時，個案開始把焦點從自己身上移開，不認為自己的情緒應該被理解。

「願意談一談媽媽的苦嗎？」不特別在到底誰比較辛苦、到底公不公平的話題拉扯，我順著個案去關心個案的媽媽。

「媽媽其實很受壓迫。我們的家庭很傳統，我媽其實嫁給我爸之後，自由度很受限，要面對很強勢的婆婆，又要為了孩子放棄自己有興趣的工作。」

個案聊了一些媽媽面對的環境，接著把這樣的環境合理化成是媽媽對自己壓迫的理由：

「有的時候我又做不到媽媽需要的反應，不只沒安慰她可能還會回她不好聽的話，她會被我弄得很難過，所以媽媽會那樣對我是正常的。」

再一次避開誰是誰非的討論，我嘗試這樣回應個案：

「回頭看一下過去，我們發現，媽媽和我們都在受苦。媽媽和我們一樣，都面對了很傷人的壓迫。媽媽和我們這兩個人，其實都很需要被關心、被理解。」

類似這樣的討論，可以慢慢避開我們在思考關係上的盲點，誤以為一段關係如果出錯，那麼一定是有一個人做錯事，把關係不小心理解成「對立狀態」。

不急著究責，才能看見彼此的傷

隨意回想一下上次聽過的吵架對話，這裡所謂的對立狀態到處都是，例如，當先生只是和太太解釋自己為什麼會搞錯時間，生氣的太太可能就會回：「你覺得你沒錯，所以現在是我的錯囉？」

在這個個案原先的思考角度裡，也針對親子關係存在著這種對立狀態。面對親子關係所帶來的傷，責任必須盡量是在自己身上，才能夠維護心裡面媽媽的完整；一旦我們的對話開始讓個案去看見自己的苦，個案會因為對立狀態的理解，自動化地認為我們的對話是在說「我苦，所以媽媽其實不苦」，好像是在否定了原本心裡面的設定，覺得不應該繼續討論。

事實上，在真實的世界裡，一段親子關係的傷，並不會單純地來自這兩個人其中一個人的狀態，而是來自於兩張網所交織出的狀態。在有關於「傷害行為」包含身體傷害、言語傷害的心理學研究中，學者花了幾十年的時間去進行兩個系列的研究，一方面探尋「施暴者」為什麼會出現，另一方面分析哪些人容易成為「受害者」。

然而，在二〇一三年，曼尼托巴大學與倫敦政經學院的心理學教授合作之下，卻出現了個重要的發現：施暴者進行暴力的因素，與受害者之所以受害的因素，竟然出現非常類似的模式。簡單來說，施暴者其實可能也是受害者，而受害者也很可能會成為施暴者。

就以我們這裡提到的個案經驗來談，確實就看見了個案媽媽這樣的雙重身分。身為一個受害者，個案的媽媽承受了傳統家庭的高壓，面對自我不停流失的苦痛而無法逃離；身為一個施暴者，個案的媽媽使用了言語的暴力，經常性地辱罵孩子，在心理上壓迫了個案的發展。

當然，個案曾經的受暴者角色，如果沒有得到完整的心理成長，確實也可能會讓自己成為下一個施暴者，藉由虐愛模式去讓伴侶成為下一個受暴者，讓那交織的網繼續複雜下去。

如果我們走到高一點的觀景台，我們會多看見一種風景。在那個畫面中，未必是施暴者在欺負受害者，未必是可惡的父母在欺負著無力的孩子，也未必是失控的伴侶使用虐愛在壓迫著另一半。而是，在那張錯縱複雜的網裡，有一個已經受苦得自身難保的人，不得不讓身邊的人一起受傷。

如果，當我們終於看見自己的受苦，我們會落淚；當我們真正揭開父母的傷痕，我們也可能忍不住潰堤。

類似這樣的風景，都將協助我們在虐愛中有更好的覺察，協助我們避免掉虐愛的重複。

準備三　用覺察阻止複製

二〇一四年曾經有義大利的心理學家發現，心理失控感很可能會「代間複製」，也就是那些經歷了比較高度的心理失控感的父母，很容易讓子女長大也變成心理失控感高的大人。這樣的發現聽起來確實有點悲觀，又好像很宿命論，但我個人經驗也確實相信，這樣的發現和實際現象沒有太大距離。身為一個人，我們其實都是習慣的動物，除非我們真的用心與用力地去進行改變，否則我們其實非常容易把過去複製到未來。

而這種心理失控感的複製現象，其實每一個人在生活中各種關係都能觀察得到。以親子關係舉例來說，針對父母控制教養這個議題，當父母的生活壓力過大而心理失控，父母會企圖控制子女，在教養孩子的過程出現比較多的控制手段，讓孩子覺得「如果我不順從父母，我必須承擔很嚴重的後果」。

久而久之，子女可能也覺得自己是個無力的人，經驗到生活的失控感。即使孩子漸漸長大，父母可能還是經常向孩子表達「靠你自己怎麼可能成功」、「少了我你果然還是不行」、「你依然不成熟」類型的訊息，而讓那個心理失控的感覺從父母複製到子女身上。

那麼，回過頭去思考，因為經歷了心理失控感而進入虐愛的我們，或許，會不會也曾經目睹了心理失控感過高的父母的虐愛歷程？有的時候，我會聽到個案有類似以下的反應：

「其實現在看一看，我在親密關係裡面感受到的那種不舒服，很像我以前觀察到的爸媽互動的那些不舒服。」

「感覺我現在會用這種方式對待我的另一半，說穿了，我就是很想要避免他變成和我爸爸一樣吧。」

在和個案諮詢的進程中，每當我聽見有類似這樣的說法出現，我都會把它視為個案本身成長的一個重要契機。這樣子的理解，其實是很多嘗試修復親密關係的個案，在成長的旅程中共同的體驗。

也許我們很不想承認，但是，事實上，一旦談到關係，我們都是習慣的動物。我們往往容易高估我們在關係裡的「隨機應變能力」，殊不知自己其實隨時都在用過去的經驗與習慣，和新的對象互動。以前被父母打過，長大就容易打小孩；以前被主管欺壓過，成為管理者就會去欺壓新人，讓新人了解一下「我以前是怎麼過來的」。

當然，換個角度說，我們也可以把這樣的歷程想成「學習能力」很強，好像就正面多了吧？我們的確是學習能力很強，我們在小的時候所觀察到的父母的互動模式，的確很容易變成是自己在親密關係中的經營模式。

但是，在一些虐愛的過程之中，當我們處在比較高的情緒壓力之下，我們確實很容易學習那些小時候觀察到的那些負面狀態，即使我們自己對於那些狀態是非常不以為然，把父母的親密關係議題延伸到自己的親密關係中，即使我們的另一半實際上未必和自己的父母出現一樣的問題，但我們還是會出現相對的反應。久而久之，我們很難避免引發關係中另一半對我們反擊：

「你不要總是用你對你家人的那種態度來質疑我。你這樣對我，和你媽控制你爸的方式有什麼不同？」

「你到底在幹嘛？有問題的是你父母的關係，你不要搞得好像我也是你的敵人一樣！」

類似在這樣的伴侶回應，我們很容易在一些經歷虐愛之苦的親密關係衝突中聽見。以「零信任虐愛」舉例來說，曾經有個案跟我分享，在他的成長過程中，父母之間的信任關係曾出現很多議題，他的媽媽因此內心有很多很多痛苦而無處發洩，總是處在焦慮的狀態，把自己對於老公的所有情緒都表現在孩子面前。個案表示自己非常害怕和媽媽獨處的時間，因為只要爸爸不在家，媽媽很容易進入負面狀態，用很高張的情緒與語氣和個案訴苦，並且會經常對她進行一些似是而非的感情教育，像是：

「一直愛人，一直付出有什麼用？不要傻了，沒有男人是值得信任的。」

「我做得再好也沒意義啊，夫妻感情說變就變，出問題你還是只能靠自己。」

「你爸爸就是有問題，他再怎麼講都只是在狡辯，男人就是在騙，千萬不要相信他們。」

個案小時候也許不理解那些話語的強度，但是在自己的親密關係出了問題之後，才在進行心理諮詢的過程中，漸漸發現自己也默默出現類似的想法，對於關係其實很沒有安全感。

類似像這樣的狀態，即便個案其實是和一個客觀上值得信任的對象在一起，心理層面還是會帶著小時候的「學習內容」在自己的親密關係中應對，對於一些小瑕疵過度關注，重複地去經歷那種另一半不值得信任的困難。

這些困難，雖然不難理性地去理解，但是我們其實幾乎不可能靠自己覺察。當我們處在關係之中，真的太容易「當局者」迷了，我們自以為我們是總是客觀看待伴侶和我們相處的過程，殊不知我們一天到晚陷入過往經驗的囹圄。曾經在諮詢過程中聽過的一些例子像是：

- 因為爸爸曾經賭博，就非常嚴格禁止丈夫的所有投資。
- 因為媽媽非常情緒化，就對太太的正常情緒反應也激烈應對。
- 因為爸爸曾經外遇，就焦慮於自己的丈夫一定會嘗試外遇。
- 因為媽媽高度的控制，就認為太太的所做所為都是企圖控制自己。

類似這樣的複製，很明顯會讓原本單純的親密關係陷入困擾。如果有專業的心理師能夠陪著我們一起去探索，這樣的覺察當然很有機會逐漸形成，並且進一步找到伴侶之間可以正面處理的方法。

雙側性格分析，看見關係中有兩個人

大部分的人確實可能很難找到信任的心理師建立這樣的互動，協助我們提升自我覺察。那麼，我們又應該如何去處理這樣難以靠自己的努力，而自我覺察的困境呢？

我在教性格心理學相關的課程內容時，很喜歡用的一個教學活動是「雙側性格分析」。在這個活動裡，我會挑選一份性格量表讓學生們先自我分析，描繪出自己理解中的自己是什麼性格，接下來，我會請學生們立刻用通訊軟體，甚至是直接撥一通電話，聯繫任何一位熟係自己的親人或朋友，並且要對方利用同樣的性格量表，去分析「他眼中的我」是什麼樣子。

換句話說，在這個活動結束之後，每個學生不僅會看見「我覺得我是什麼性格」，也能知道「他人覺得我是什麼性格」，並且藉由這樣「雙側性格」的分析比對，去思考那間差距是什麼來的、有什麼意義。

面對我們的親密關係，其實我們也應該要有這樣的「雙側分析」，去降低我們難以自我覺察所帶來的困擾。不管是專業心理學師的推薦，或是一些大眾心理書籍的介紹，其實不難找到各種各樣有趣的親密關係量表，能協助我們了解自己在親密關係中的狀態。

但是我們卻容易忽略了這些資訊應該要是「雙側」，不只是自己要了解自己，我們也需要伴侶彼此交換判斷，讓彼此能夠比對一下「我覺得親密關係中的我」以及「他感受到的親密關係的我」有什麼樣的樣貌。

就算沒有任何量表幫助，回歸到最原始的對話，我們也能問問對方：

「我在親密關係中和你的互動，有哪些是讓你喜歡的？」

「你覺得我們的親密關係，有讓你的生活變得更好嗎？」

「我們現在的親密關係，有什麼是和你期待中差距比較遠的地方嗎？」

雖然這些問題稍嫌客套，但是確實能夠帶給我們更寬更深的自我覺察。就算對方提出的東西我們無法解決，光是能夠彼此對於彼此的感覺有所共識，就已經讓原本的親密關係變得更親密。

畢竟，我們的親密關係從來就不是因為「解決問題」而開始，而是為了明白如何可以「一起面對問題」而展開，是吧！

準備四 別想在虐愛中講理

在一個健康的親密關係中，很多事情是可以靠著彼此好好「講理」來一起處理、一起成長的。然而，一旦我們的愛情進入了虐愛模式，想要靠「講理」把事情處理好，很可能不但起不了作用，甚至是會有反效果的方式。

記得曾經有個個案，陷入了寄生式虐愛中，面對著依賴性愈來愈高的伴侶，感到有些喘不過氣，很希望伴侶能夠多給他一些自己的空間，可是卻苦苦找不到對策。「我不知道到底要怎麼再跟他溝通，我跟很多人討論事情都不會有問題，但偏偏遇上他我真的沒辦法。他真的有問題提出來，不管有多困難，我一定是願意花時間一條一條跟他溝通，把我們可能可以做到的方法列出來。但是他沒辦法、他不講理，他就是一直在想他腦子裡的東西，我說的他根本聽不進去！」

接下來的兩、三次會談中，個案也一直用他的「理性觀」在跟我批評他的伴侶有多麼的不講理：

「我上班的時候，他情緒來了就說他有多難過，想我需要我要跟我說話，我如果沒辦法馬上跟他回話或視訊，他就留一大堆那種很情緒勒索的留言，質問我『客戶就那麼重要是不是？』，好像我正在犯什麼滔天大罪，傷害他很深什麼的，我在上班耶？這樣有合理嗎？

「於是，我很認真的跟他溝通，清楚地跟他交代我見客戶的流程，為什麼會需要持續的時間，有哪些原因有時候會有突然的會議，跟他說明很清楚我畢竟剛上任新職務沒幾個月，有時候主管和客戶的需求我是沒辦法控制的。

「我什麼都跟他講清楚，也已經有跟他溝通過，我如果開會對象是客戶，我會完全無法跟他連絡，可能頂多每兩個小時找空檔回一下 Line，他聽了也表示都同意，可以接受。結果呢？才剛溝通好沒兩個星期，又來，硬要我在排滿會議的下午跟他視訊，我真的不懂耶，明明溝通過的，為什麼後來又什麼都不算？」

我相信類似這個個案的經驗，在現今社會的人際互動模式中，其實不是太過獨特的狀態。生活中，不管對象是誰，當我們嘗試去解決問題，與人進行溝通的時候，我們似乎只懂得以「理性語言」對話，卻不懂適度運用「感受語言」。

少用一些「說理語言」，多用一些「同理語言」

我們習慣努力釐清問題的現狀，找到彼此的理性共識，強調如何找到適當的解決方案，但不會去思考我們其實內在存在很多感受，有著很多的內在感覺與情緒正等著被回應。

然而，在走過前面六個虐愛章節之後，我想我們應該非常清楚，每一段虐愛，其實本質上就不是理性的，而是來自於內在心理感受的失控。在我們的成長過程中，如果我們心理的負罪感、權力感、壓迫感、存在感、價值感、或是不安感無法得到適當的照顧與發展，我們很容易陷入這些感受的過度追求，失去對於理性狀態與環境的判斷能力。

很簡單地說，每一個人都知道在法律上來說，偷食物是不對的（理性判斷），可是飢餓感的失控（感受失控），非常可能促使一個人去做一件不理性的事情。

就以上面個案的經驗來說，面對一段寄生式虐愛的親密關係，我們如果只嘗試從理性層面去溝通，找出一個一個問題解決的客觀規則，彷彿是在告訴一個人，即使你肚子很餓，餓到即將死亡，你還是要避免去偷吃的東西一樣。

因此，那樣過度理性的思維，當我們看清了虐愛狀態的本質，似乎反而是成了最不理性的一個選項。

如果真的希望能夠去處理到我們的內在心理感受，確實不是一件容易的事情，畢竟我們從小到大接受過的教育，還幾乎沒有一個科目是不依靠理性判斷就可以學習的。

相信每一個讀者在認識了虐愛模式的內容之後，一定都會燃起一些希望，覺得自己或許能夠靠著自己的努力，就能夠讓自己或者另一半離開虐愛狀態。但是，對於這樣的希望火苗，這邊可能還是需要先有一點點的冷水，雖然不是不可能，可是要去重建我們那些失控的心理價值感或心理存在感等內在感受，真的是很不簡單的一件事，基本上應該必須依靠專業心理師的協助，才能夠真的達成。

當然，如果目標放低一些，不涉及虐愛模式的完整療癒，只是單純討論有什麼簡單的改變，能協助我們至少不要讓虐愛狀態惡化，那的確是有很多的可能性。一個最基本的原則，是我們可以嘗試少用一些「說理語言」，多用一些「同理語言」，嘗試去降低虐愛過程中的負面情緒，不讓我們的親密關係因為太多的憤怒、焦慮或傷痛而變糟。

「同理語言」讓我們能夠在親密關係中比較有情感上面的互動。在親密關係中，我們經常以為對話的目的是解決問題，卻忽略我們對話開啟的原因，是因為彼此內心都有一句「我在乎你」的對白。

「同理語言」的最簡單方式，就是在一個事件描述的後面，加上一個情緒的表達。很隨意的舉例，我們可以說：

「親愛的，突然發生這個狀況，你是不是很傷心、很難受啊？」

「寶貝，聽到我昨天在我的朋友面前那樣開你玩笑，你會生氣嗎？」

「雖然我不是故意的，但是我突然改變計畫，一定讓你覺得很失望吧？」

這些句子，雖然聽起來沒有具體價值，但當它們流進心裡，卻很有溫度。

當我們從小情緒被壓迫，無法正常發洩自己的情緒，進而發展出恨意爆表型虐愛模式，我們內在真的需要的，也許不是我們的伴侶和我們認真地檢討下次如何控制自己的憤怒，而是給我們一個溫暖的擁抱，告訴我們：「你的感受我聽見了，我願意去了解你的情緒，即使你有這些生氣的情緒，我還是會愛你。」

當我們從小缺乏價值感，缺乏來自他人的珍惜與疼愛，因此產生了自我犧牲型虐愛模式時，我們真的需要的，也許不是另一半不停地告訴我們多照顧自己就好不要想太多，而是輕輕給一個吻，告訴我們：「親愛的，你知道嗎？光是你在我身邊存在，就已經是我生命中最重要珍貴的時候了。」

”

掉入虐愛漩渦的我們，在深愛與劇痛的邊界上，經歷著高度的焦慮、掙扎與衝突。等到那個對的時間，等到我們願意探索自己，等到我們找回失控的心，我們將走上離開虐愛的路，為曾經的傷痛，漸漸譜上休止符。

國家圖書館出版品預行編目（CIP）資料

失控的愛：為什麼我們愈相愛，愈受傷？觸摸那些心底被忽略的失控感，走向真正親密的未來／張家齊著. -- 第一版. -- 臺北市：天下雜誌股份有限公司，2022.11
264 面；14.8x21 公分. --（心靈成長；94）

ISBN 978-986-398-841-0（平裝）
1.CST：成人心理學　2.CST：兩性關係

173.3　　111017962

心靈成長 094

失控的愛

為什麼我們愈相愛，愈受傷？

觸摸那些心底被忽略的失控感，走向真正親密的未來

作　　者／張家齊
封面設計／ DiDi
內文排版／中原造像股份有限公司
責任編輯／賀鈺婷

天下雜誌群創辦人／殷允芃
天下雜誌董事長／吳迎春
出版部總編輯／吳韻儀
出 版 者／天下雜誌股份有限公司
地　　址／台北市 104 南京東路二段 139 號 11 樓
讀者服務／（02）2662-0332　　傳真／（02）2662-6048
天下雜誌 GROUP 網址／ http://www.cw.com.tw
劃撥帳號／ 01895001 天下雜誌股份有限公司
法律顧問／台英國際商務法律事務所・羅明通律師
印刷製版／中原造像股份有限公司
總 經 銷／大和圖書有限公司　　電話／（02）8990-2588
出版日期／ 2022 年 11 月 30 日第一版第一次印行
定　　價／ 400 元

書號：BCCN0094P
ISBN：978-986-398-841-0（平裝）

直營門市書香花園　地址：台北市中山區建國北路二段 6 巷 11 號
電話／ (02) 2506-1635

天下網路書店　http://shop.cwbook.com.tw
天下雜誌我讀網　http://books.cw.com.tw/
天下讀者俱樂部 Facebook　http://www.facebook.com/cwbookclub